JOURNAL FÜR ENTWICKLUNGSPOLITIK
herausgegeben vom Mattersburger Kreis für Entwicklungspolitik
an den österreichischen Universitäten

vol. XXIX 3–2013

GUTES LEBEN FÜR ALLE
Ein europäisches Entwicklungsmodell

Schwerpunktredaktion: Andreas Novy

mandelbaum *edition südwind*

Journal für Entwicklungspolitik (JEP)
Austrian Journal of Development Studies

Herausgeber: Mattersburger Kreis für Entwicklungspolitik an den österreichischen Universitäten

Redaktion: Markus Hafner-Auinger, Gerald Faschingeder, Karin Fischer (verantwortlich), Margit Franz, Daniel Görgl, Inge Grau, Karen Imhof, Johannes Jäger, Johannes Knierzinger, Bettina Köhler, René Kuppe, Bernhard Leubolt, Jasmin Malekpour, Andreas Novy, Christof Parnreiter, Clemens Pfeffer, Stefan Pimmer, Petra Purkharthofer, Kunibert Raffer, Anselm Skuhra, Koen Smet

Board of Editors: Henry Bernstein (London), Dieter Boris (Marburg), John-ren Chen (Innsbruck), Hartmut Elsenhans (Leipzig), Jacques Forster (Genève), John Friedmann (St. Kilda), Peter Jankowitsch (Wien), Franz Kolland (Wien), Helmut Konrad (Graz), Uma Kothari (Manchester), Ulrich Menzel (Braunschweig), Jean-Philippe Platteau (Namur), Dieter Rothermund (Heidelberg), Heribert Steinbauer (Wien), Paul Streeten (Boston), Osvaldo Sunkel (Santiago de Chile)

Produktionsleitung: Bettina Köhler
Umschlaggestaltung: Bettina Köhler
Titelfoto: NINJA Media („Ocupação Congresso Nacional", Brasília, 17. Juni 2013)

Inhaltsverzeichnis

4   ANDREAS NOVY
            Quo Vadis, Europa? – Von der Peripherie lernen

9   KARIN FISCHER
            Peripherisierung, Industrialisierung und Abhängigkeit:
            die Frage nach den Hemmnissen gelungener Entwicklung

34   JOACHIM BECKER, JOHANNES JÄGER, RUDY WEISSENBACHER
            Abhängige Finanzialisierung und ungleiche Entwicklung:
            Zentrum und Peripherie im europäischen Integrationsprozess

55   ELISABETH SCHMID
            Theorien zum guten Leben

77   ANDREAS NOVY
            Ein gutes Leben für alle – ein europäisches Entwicklungsmodell

105   Rezensionen
112   Schwerpunktredakteur und AutorInnen
115   Impressum

Andreas Novy
Quo Vadis, Europa? – Von der Peripherie lernen

Das vorliegende Schwerpunktheft wählt einen unkonventionellen Zugang, denn es geht nicht um Probleme von peripheren Räumen, Nationen und Völkern in anderen Teilen der Welt, sondern um Europa. Europa als Entwicklungsland? Das erscheint als Verhöhnung des Elends und Leids von Millionen von Menschen in anderen Erdteilen. Und gleichzeitig mehren sich die Anzeichen, dass die Grenzziehungen zwischen dem Zentrum und der Peripherie der Weltwirtschaft ins Wanken geraten sind. Seit den 1980er Jahren galten die Strukturanpassungsprogramme des Internationalen Währungsfonds (IWF) als zentrale Bestandteile neokolonialer Bevormundung und Ausbeutung von Ländern und Menschen in Afrika, Asien und Lateinamerika. Der IWF, von einem Europäer geführt, galt als Instrument insbesondere der Anliegen der USA. Heute hat sich das Tätigkeitsfeld des IWF ebenso verschoben wie seine Ideologie. Denn Hauptkreditnehmer sind zurzeit europäische Staaten und Kritik von außen, Selbstkritik und der steigende Einfluss der Schwellenländer haben dazu geführt, dass seine wirtschaftspolitischen Vorschläge heute gemäßigter sind als diejenigen der Europäischen Kommission. Das zweite Beispiel betrifft die neu entstehenden Formen ungleicher Entwicklung. Anfang der 1990er Jahre erschien in der Wochenzeitschrift *Die Zeit* ein Artikel über die „Brasilianisierung" Europas, in dem die Tendenzen hin zu prekären Beschäftigungen und zunehmender sozialer und gewaltbedingter Unsicherheit in Europa konstatiert wurden. In Umkehrung des herkömmlichen, in Richtung Fortschritt orientierten Entwicklungsdenkens wurde mit einem potenziellen Abstieg des Zentrums kokettiert. Damals noch undenkbar war die Möglichkeit, dass sich gleichzeitig Teile Brasiliens „entbrasilianisieren", das heißt politische Strategien umgesetzt werden, die die strukturelle Heterogenität im Süden verringern.

Wie Mick Cowen und Bob W. Shenton (1996) eindrucksvoll zeigen, ist es eine durch regelmäßige Wiederholung nicht richtiger werdende Behauptung, der Entwicklungsdiskurs hätte seinen Ursprung in einer wenig originellen Rede des US-Präsidenten Harry Truman 1948. Die Ursprünge des Entwicklungsdiskurses sind vielmehr früher anzusetzen: sowohl in den diversen evolutionär geprägten naturwissenschaftlichen Überlegungen von Darwin und anderen als auch in den dialektischen Geschichtskonzeptionen von Hegel und Marx – die dann noch bei Schumpeter und diversen Stufentheorien der Entwicklung in verkürzter Form fortbestehen. Von großer praktischer Bedeutung waren immer auch die verschiedenen Versuche, die „Korrumpierungen" des durch Modernisierung, Aufklärung und Kapitalismus hervorgerufenen „Fortschritts" zu mildern, zu reparieren oder zu verhindern. Diesem Unterfangen widmeten sich zum Beispiel der amerikanische Theoretiker Alexander Hamilton und der Deutsche Friedrich List, die beide Industrialisierung als notwendige Voraussetzung für die ökonomische Selbstverteidigung gegenüber der Führungsmacht ansahen. Immer schon ging es bei Entwicklung um den Versuch, Fehlentwicklungen zu korrigieren und die sozialen und ökologischen Kosten des Fortschritts zu mindern. Trefflich wurde dies durch das Motto des Positivismus ausgedrückt, einer von Auguste Comte gegründeten Theorie- und Praxisschule, die bis heute die brasilianische Fahne schmückt: *Ordem e Progresso* – „Ordnung und Fortschritt".

Die Gleichsetzung von Dritte-Welt-Forschung und Entwicklungstheorien hatte also nur in einer spezifischen Raum-Zeit-Konstellation – einer einige wenige Jahrzehnte bestehenden, durch die USA und den Kalten Krieg dominierten Weltordnung – seine Gültigkeit. In dieser Zeit gab es auch innerhalb Europas eine Vielzahl an regionalpolitischen Theorien und Strategien, die Ähnlichkeiten zu entwicklungspolitischen Themen aufwiesen. Die Diskussionen fanden aber in institutionell getrennten Räumen statt. So war KennerInnen immer klar, dass die sozioökonomische Struktur vieler Teile Südeuropas typische Merkmale ungleicher Entwicklung aufwies. Dies spielte noch bei der Diskussion um den Beitritt der südeuropäischen Länder zur Europäischen Gemeinschaft eine Rolle (vgl. Romão 1983). Danach jedoch dominierten bis 2008 konzeptuell unergiebige Diskussionen über die vermeintliche Konvergenz der Regionen Europas.

Davon unabhängig gab und gibt es im Bereich der Entwicklung komparative Ansätze und wirtschaftshistorische Analysen wie die von Senghaas (1982) und heute von Chang (2002). Diese reflektierten über die historischen Faktoren, die Europa den Aufstieg zum Zentrum der Weltwirtschaft ermöglichten. So wichtig diese Forschungen sind, so stellten sie die historisch gewachsene räumliche Hierarchie von Zentrum und Peripherie noch nicht in Frage.

Mit dem Aufstieg des Neoliberalismus und dem Zusammenbruch des real existierenden Sozialismus und damit der Zweiten Welt, begann die stabile Phase der Regulation der „goldenen Nachkriegsjahrzehnte" zu erodieren. Gleichzeitig veränderte sich in überraschend kurzer Zeit die Geoökonomie grundlegend. Festgemacht werden kann dies am Wandel der Geopolitik und der Krise des Global Governance, der Bedeutungslosigkeit der G7 und dem Aufstieg der BRICs. Ereignisse wie die Wahl von Brasilianern zu Generalsekretären der Welternährungsorganisation (FAO) und der Welthandelsorganisation (WTO) sind weitere Indizien geänderter Machtverhältnisse. Doch diese geopolitischen Veränderungen wären nur ähnlich kurzlebig wie der Radikalismus der Blockfreien in den 1970er Jahren, wenn es nicht zu grundlegenden geoökonomischen Veränderungen gekommen wäre, wobei der Aufstieg Chinas zum globalen Industriestandort sicherlich die wichtigste ist (Arrighi 2008). Diese rasanten Veränderungen zu reflektieren, ist in den letzten Jahren aus gutem Grund zu einem wichtigen Forschungsthema geworden. So lautet etwa der Titel des Human Development Reports 2013: *The Rise of the South* (UNDP 2013).

In diesem Schwerpunktheft spielen all diese Überlegungen eine Rolle, wobei eine spezifische Perspektive privilegiert wird. Lateinamerika wird mit verschiedenen Theorien, insbesondere der Dependenztheorie, bestimmten Utopien, insbesondere der des guten Lebens, und praktischen Politikerfahrungen, insbesondere den diversen reformistischen Politiken der vergangenen Jahre, assoziiert. Nun sollen diese Theorien, Utopien und Politiken beitragen, die gegenwärtigen Entwicklungen in Europa zu verstehen und das Potenzial einer anderen, besseren Entwicklung auszuloten. Die gegenwärtige weltwirtschaftliche Entwicklung beinhaltet viele Gefahren für das europäische Zivilisationsmodell. Es eröffnet aber auch die Chance, die Entwicklung im 21. Jahrhundert so zu gestalten, dass die demokratischen und sozialen Errungenschaften des 20. Jahrhunderts in einer geänderten geoökonomischen Konjunktur nicht nur verteidigt, sondern weiterentwickelt werden.

In Karin Fischers Überlegungen werden eingangs einige Theorien und Konzepte vorgestellt, die bisher vorrangig für die Analyse peripherer Staaten Lateinamerikas, Asiens und Afrikas verwendet wurden. Joachim Becker, Johannes Jäger und Rudy Weissenbacher bedienen sich in der Folge einiger der von Fischer dargelegten Konzepte, um die historische Entwicklung und gegenwärtige Krise des europäischen Kapitalismus und der europäischen Integration zu analysieren. Im darauffolgenden Artikel gibt Elisabeth Schmid einen Theorieüberblick über lateinamerikanische und abendländische Konzepte des guten Lebens als bedeutende, potenziell handlungsleitende Utopien für alternative Entwicklungswege. Es wird schließlich die Aufgabe des abschließenden Textes von Andreas Novy sein, die vorangegangenen Überlegungen zusammenzufassen und darauf aufbauend eine kontextbezogene Utopie eines guten Lebens für alle zu entwerfen. Die vorgelegte Utopie kann die bedenklichen aktuellen Entwicklungen nicht leugnen und soll auch keine paradiesische Zukunft erfinden. Vielmehr wird mit dem *guten Leben für alle* eine in der Aufklärung und dem europäischen Wohlfahrtsstaat des 20. Jahrhunderts angelegte Möglichkeit zukünftiger Entwicklung aufgezeigt. Es ist ein Diskussionsbeitrag für die dringend notwendige kollektive Suche nach neuen Utopien, die Grundlage pluralistisch-linker Bewegungen in Europa – von Sozialdemokratie, Grünen, Linken, sozialen Bewegungen, Gewerkschaften und Basisinitiativen – werden könnten.

Dies ist auch der Grund, warum dieses Schwerpunktheft in Kooperation mit der Grünen Bildungswerkstatt (GBW) entstanden ist, für deren Unterstützung an dieser Stelle gedankt werden soll. Wir hoffen, dass die Texte anregen, Entwicklungsforschung als das zu praktizieren, was sie ist: Eine Denkanstrengung, die Welt in ihrer Gesamtheit zu verstehen und den jeweiligen Kontexten angepasst Interpretationen für – kleine oder große – Gesellschaftsveränderungen anzubieten.

Literatur

Arrighi, Giovanni (2008): Adam Smith in Beijing – Lineages of the Twenty-First Century. London: Verso.

Chang, Ha-Joon (2002): Kicking Away the Ladder – „Good Policies" and „Good Institutions" in Historical Perspective. Paper präsentiert auf der Konferenz „Inequality and Pro-Poor Growth", Washington, 18.6.2002.

Cowen, Mick P./Shenton, Bob W. (1996): Doctrines of Development. London: Routledge.

Romão, António (1983): Portugal face à C.E.E. Lissabon: Livros Horizonte.

Senghaas, Dieter (1982): Von Europa lernen – Entwicklungsgeschichtliche Betrachtungen. Frankfurt am Main: Suhrkamp.

UNDP (2013): The Rise of the South: Human Progress in a Diverse World. Human Development Report. New York: UNDP.

Karin Fischer
Peripherisierung, Industrialisierung und Abhängigkeit: die Frage nach den Hemmnissen gelungener Entwicklung

Im Jahr 1949 veröffentlichte Raúl Prebisch einen Aufsatz, der als „Manifesto de los periféricos" den lateinamerikanischen Strukturalismus begründete. Darin schrieb der argentinische Ökonom gegen die liberalen Wirtschaftswissenschaftler an, die eine Industrialisierung der Region ablehnten. Sie traten für die Spezialisierung auf Agrarexporte ein und begründeten ihre Empfehlung mit dem Theorem der komparativen Vorteile am Weltmarkt. Für Prebisch war das der Kern einer internationalen Arbeitsteilung, die fortgesetzt Ungleichgewichte produzierte und von der vor allem die Länder des Zentrums profitieren (Prebisch 1986 [1949]).

Seine Schriften waren zugleich ein Angriff auf die liberale Weltwirtschaftsordnung unter Führung der USA. Diese setzten sich nämlich vehement für freien Güter- und Kapitalverkehr ein, schotteten aber zugleich ihren Binnenmarkt gegen Importe ab. Lateinamerika sollte als Absatzmarkt für Industrieprodukte und zum Teil auch für hoch subventionierte Rohstoffe – wie etwa Baumwolle, Mais und Tabak – fungieren. Eine eigenständige Industrialisierung der Region war nicht erwünscht (Bernecker 2000). Eine solche Politik musste nach Prebisch zwangsläufig zu außenwirtschaftlichen Ungleichgewichten führen. Als erster Exekutivsekretär der UN-Wirtschaftskommission für Lateinamerika (CEPAL) begleitete er mit seinem Team die politische Umsetzung jener Entwicklungsstrategie, die in der Folge viele Entwicklungsländer mit dem Ziel einschlugen, ihre Abhängigkeit von den Zentren zu vermindern: eine staatlich gelenkte und geförderte importsubstituierende Industrialisierung (ISI).

Prebischs Einsicht, dass die Entwicklungschancen peripherer Länder nicht unabhängig von ihrer Stellung in der Weltwirtschaft analysiert werden können, bildete die Grundlage für die Abhängigkeitsanalysen, die ab den 1960er Jahren innerhalb und außerhalb der CEPAL entstanden. Die verzweigte Theoriebildung der Dependenzschule und ihre Rezeption waren getragen von der Aufbruchstimmung im Gefolge der Kubanischen Revolution und der weltweiten Revolte von 1968. Den Höhepunkt erreichten die intellektuellen Debatten zu einer Zeit, als sich die politischen Bewegungen radikalisierten und der periphere Fordismus an seine Grenzen stieß. Die DependenztheoretikerInnen wandten sich, auf der Suche nach den Gründen für die Probleme einer nachholenden Industrialisierung, historisch geleiteten, strukturellen Abhängigkeitsanalysen zu.

Anliegen der lateinamerikanischen Linksintellektuellen war es, die spezifische Ausformung und das räumliche Muster abhängig-kapitalistischer Entwicklung in der Peripherie zu erklären und die Defizite der ISI zu analysieren. Auf dieser Grundlage gelangten sie zu radikaleren politischen Schlussfolgerungen. In wissenschaftstheoretischer Hinsicht brachen sie mit den Paradigmen der damals prägenden modernisierungstheoretischen Denkschulen, die die Widersprüche kapitalistischer Modernisierung ausblendeten: mit dem Ökonomismus des Strukturfunktionalismus, dem apolitischen Gehalt der Entwicklungssoziologie und einer Geschichtslosigkeit, die alle Entwicklungsstudien kennzeichnet, die Entwicklung linear-evolutionistisch oder mechanistisch in Stadien denken.

In diesem Beitrag werden die Theoreme des lateinamerikanischen Strukturalismus und der Dependenzschule diskutiert und in ihre historischen Entstehungszusammenhänge eingebettet. Daran schließen Überlegungen an, inwieweit ihre politischen, räumlichen und entwicklungsstrategischen Konzepte heute noch für die Analyse der Weltungleichheitsordnung und insbesondere für die krisenhafte Integrationsdynamik der Europäischen Union Relevanz besitzen. Das kritische Entwicklungsdenken und seine Beiträge zu ungleicher Entwicklung werden in den gegenwärtigen Debatten zur Krise in Europa nicht wahrgenommen. Allerdings könnte die „europawissenschaftliche Debatte" von dem begrifflichen und analytischen Repertoire der Dependenzschule profitieren, um die neue Raumhierarchie zwischen Nord und Süd/Ost in der Europäischen Union zu erklären. Der Beitrag will Anregungen für eine solche Rezeption geben.

1. Zentrum, Peripherie und strukturelle Abhängigkeit

Für Prebisch war das wichtigste Hindernis für Entwicklung die bestehende Form der internationalen Arbeitsteilung, in der die Peripherie auf Rohstoffexport und das Zentrum auf die Herstellung diversifizierter Industrieprodukte spezialisiert ist. Der Grund für die Benachteiligung der Entwicklungsländer liegt in der sukzessiven Verschlechterung ihrer *terms of trade*: Während die Preise und damit die Exporterlöse für Rohstoffe langfristig fallen, steigen jene für Industriegüter. Aufgrund ihrer Position in der internationalen Arbeitsteilung sind Zentrum und Peripherie durch unterschiedliche Einkommensniveaus, unterschiedlich komplexe produktive Strukturen und technologische Standards gekennzeichnet. Die Disparitäten reproduzieren sich ständig aufs Neue, und zwar auf der Ebene des Weltsystems. Denn die Teilräume stehen sich nicht auf gleicher Stufe gegenüber: Ihr Verhältnis ist durch ungleiche wirtschaftliche und politische Macht, durch Hierarchie und Konkurrenz geprägt. Auf diese Weise behindern die Zentren die Entwicklung in der Peripherie (Prebisch 1986 [1949], 2010 [1964], 1981).

Auch für die DependenztheoretikerInnen ist Unterentwicklung eine Folge der unterschiedlichen Rolle, die die verschiedenen Regionen im Prozess kapitalistischer Entwicklung spielten und spielen. Allerdings begriffen sie Zentrenbildung und Peripherisierung erstens stärker als historischen Prozess einer frühzeitigen und gewaltsamen Eingliederung in das kapitalistische Weltsystem. Sie gelangten daher zu der Einschätzung, dass die Beziehung zwischen Zentren und Peripherien durch eine *strukturelle* Abhängigkeit gekennzeichnet ist. Zweitens verorteten sie ungleiche Entwicklung als Strukturmerkmal des historischen Kapitalismus insgesamt. Für sie stellen „Unterentwicklung und Entwicklung deshalb nur die zwei Seiten eines gemeinsamen, universellen Prozesses [dar]. Darüber hinaus sind Unterentwicklung und Entwicklung historisch parallel laufende Prozesse gewesen, die funktional miteinander verbunden waren, d.h. die aufeinander eingewirkt haben und die sich gegenseitig bedingt haben" (Sunkel 1972: 262). Andre Gunder Frank hat in diesem Zusammenhang das Wort von der „Entwicklung der Unterentwicklung" geprägt. Die ungleiche Beziehung zwischen Satelliten und Metropolen ist dafür verantwortlich, dass sich erstere „unterentwickeln" und zweitere entwickeln (Frank 1966).

Celso Furtado, damals Mitarbeiter Prebischs in der CEPAL, war wahrscheinlich der erste, der diesen Zusammenhang beschrieb: Unterentwicklung ist keine Etappe, die die Entwicklungsländer auf dem Weg zur Entwicklung durchschreiten, wie die Modernisierungstheoretiker meinten. Es handelt sich nicht um eine ungünstigere Startposition, eine zeitweilige Blockade oder ein Zurückbleiben in einem als universell angenommenen Modernisierungsprozess. Sondern Unterentwicklung ist ein Prozess, der durch die Entwicklung der Zentren in Gang gesetzt und genährt wird (Furtado 1962, 1964).

Die Herangehensweise der DependenztheoretikerInnen weist einige Gemeinsamkeiten mit anderen kritischen Theorien ungleich verbundener Entwicklung auf. Wie die regionalen Polarisationstheorien oder die Ansätze der *radical geography* wenden sie sich gegen Konvergenz- und Gleichgewichtsmodelle sowie gegen die Annahme eines „automatischen" Ausgleichs von Unterschieden infolge „natürlicher" Marktprozesse. Während polarisationstheoretische Ansätze in der Tradition von Hirschman (1958) und Myrdal (1974) die Beziehungen zwischen Stadt und Umland, Regionen oder Agglomerationsräumen untersuchen, rücken die raumtheoretischen Überlegungen der marxistischen Geographie die dynamische Inwert- und Außerwertsetzung von Räumen im Rahmen globalisierter Wirtschaftsstrukturen ins Zentrum ihrer Analyse. Wie den DependenztheoretikerInnen gilt ihnen die Produktion und Reproduktion von Zentren und Peripherien als Voraussetzung und Resultat kapitalistischer Entwicklung (vgl. Smith 1984; Harvey 2006; für eine Zusammenschau vgl. Weissenbacher 2008). Ihr Verdienst ist es, die Dialektik von räumlicher Angleichung und Differenzierung auf allen Maßstabsebenen zu verorten und damit den Blick auf die multiskalare Organisation der Ungleichheit zu lenken. Swyngedouw et al. (2001) weisen etwa darauf hin, dass im Postfordismus die sub- und die supranationale Ebene an Bedeutung gewinnen. Eine auf Angebotspolitik reduzierte „Wettbewerbsfähigkeit" setzt Räume differenziert in- bzw. außerwert.

Die Dependenzschule bietet allerdings wesentliche Vorzüge. Ihre Besonderheit besteht darin, den Blick auf ‚abhängige Länder' zu richten. Auch für die DependenztheoretikerInnen wohnt ungleiche Entwicklung dem Kapitalismus inne, es geht ihnen aber vor allem um die Expansion des *zentralen Kapitalismus* und die Folgen in der Peripherie. Diese Sichtweise zeichnet eine „radikale Dritte-Welt-Perspektive" (Giovanni Arrighi) aus, denn sie denkt die Welt von den Rändern her. Das ist ein Perspektivenwechsel, der der kritischen Sozialwissenschaft oftmals fehlt. Europa von Portugal oder Bratislava aus zu betrachten und Entwicklung nicht nur aus dem Zentrum heraus zu denken und verallgemeinern zu wollen: Von einer solchen Sichtweise würde auch die europawissenschaftliche Debatte profitieren.

Mit dem Hinweis auf kleinräumige Fragmentierung, die Vervielfältigung kultureller Differenzen und die Verwobenheit von Zentren und Peripherien wird den *„spatio-temporal universals"* Zentrum und Peripherie dependenztheoretischer Prägung gerne eine Absage erteilt. Es stimmt, dass eine großflächig verräumlichte „Blockbildung" die flexible Überlagerung von Prozessen der räumlichen Angleichung und Differenzierung nicht zu erfassen vermag. Ein dependenztheoretisch geleiteter Analysefokus ist aber schon deshalb sinnvoll, weil Kern und Rand eine große Beharrungskraft aufweisen. Das bestätigt ein Blick auf Disparitäten zwischen „Nord" und „Süd" in Bezug auf Einkommen, Vermögen, Energieverbrauch etc. (vgl. Sutcliffe 2001; Dicken 2010), lässt sich aber auch in China oder in Europas Süden und Osten zeigen (vgl. Nolte 1991). Die Dependenzschule bereichert die Debatte durch die Historisierung von Abhängigkeitsstrukturen. Heutige Raumhierarchien sind in der Regel das Ergebnis von historisch früheren Prozessen und nur durch die Berücksichtigung der Vergangenheit zu verstehen.

Der Forschungsgegenstand der DependenztheoretikerInnen – die (untergeordnete) Einbindung peripherer Räume in größere Strukturen – beweist auch hinsichtlich aktueller Integrationsdynamiken seine Relevanz. Denn der europäische Integrationsprozess bestätigt eine der Kernthesen Sunkels (1972): Integrieren sich Volkswirtschaften unterschiedlicher Entwicklungsstufe, führt diese Integration zu stärkerer nationaler Desintegration in den weniger entwickelten Ländern. Der Integrationsmodus der EU verweist auf eine untergeordnete Einbindung der südost- und mittelosteuropäischen Peripherie in eine der zentralen Weltregionen, die sich in einem vom Zentrum gesteuerten und kontrollierten Prozess vollzog. Im Ergebnis erfolgte eine Restrukturierung im Interesse des westlichen Kapitals, das an der Ausbeutung insbesondere der russischen/ex-sowjetischen Rohstoffe, an der Etablierung von Billiglohnproduktion und an der Erschließung profitabler Absatzmärkte im Osten interessiert ist. „Auch wenn sie mit bestimmten Wachstumsprozessen verbunden ist, führt diese

Europäisierung zu nachrangiger ökonomischer Integration und verstärkt die regionalen und sozialen Disparitäten. Damit bestätigt sich die Peripherisierungsthese als ‚relative Peripherisierung' innerhalb der EU" (Neunhöffer/Schüttpelz 2002: 384; vgl. Bohle 2002; Becker 2011).

Dass Zentrum und Peripherie im Inneren eines Landes auftreten, blieb dabei nicht unberücksichtigt. Die kleinräumige Reproduktion von Ungleichheit beschreiben die DependenztheoretikerInnen mit „internem Kolonialismus". Der Begriff des mexikanischen Politikwissenschaftlers Pablo González Casanova besagt, dass industrielle und politische Zentren abhängige Regionen und gesellschaftliche Sektoren in ihrem „Hinterland" ausbeuten. Das gilt auch für die Peripherie: auch dort beuten Zentren Peripherien aus. Mittel dafür sind Kapitalentzug, Wander- und Subsistenzarbeit, *brain drain* oder Steuerpolitik (Sunkel 1970; Frank 1969; zu den internen Kolonien vgl. Cardoso/Faletto 1976 [1969]).

Auch die Erkenntnis der Strukturalisten und DependenztheoretikerInnen, dass das Zentrum die Entwicklung der Peripherie eher behindert als voranbringt, kann mit Blick auf die gegenwärtige Rolle Deutschlands bekräftigt werden. Die Politik der Lohndeflation hat zu einer realen Aufwertung der peripheren Länder gegenüber Deutschland geführt, Deutschland selbst hat eine reale Abwertung durch eine „Verbesserung" seiner Lohnstückkosten erreicht. Das führte zur Beschleunigung der Krise (vgl. Joachim Becker, Johannes Jäger und Rudy Weissenbacher in diesem Heft). Die Folgen einer vom Zentrum gesteuerten Geldordnung kritisierte Prebisch bereits in seinem Frühwerk. Als Gouverneur der argentinischen Zentralbank legte er in einer Studie über den Goldzyklus dar, dass in Aufschwungphasen Gold vom Zentrum in die Peripherie fließt und in Abschwungphasen wieder abgezogen wird. Da Entwicklungsländer keine Möglichkeit haben, eine eigenständige Geldpolitik in Konkurrenz zum Zentrum zu verfolgen, beispielsweise den Diskontsatz anzuheben, wird die Stabilität der Geldordnung auf Kosten der Peripherie, wo die Wirtschaft durch Devisenabfluss und Kreditrestriktionen schrumpft, aufrechterhalten (vgl. O'Connell 2001; Love 2011).

Schließlich bringt die Dependenzschule eine wichtige Dimension in die Debatte um ungleiche Entwicklung ein: die Dimension der Abhängigkeit. Zentrum und Peripherie bilden ein Begriffspaar, das auch die Frage nach Herrschaft und Macht beinhaltet. Die Dependenzschule betont die hierarchischen Aspekte und ermöglicht es, Beziehungen bzw. Integrationsdynamiken auf ihre Dominanz, Abhängigkeits- und Kräfteverhältnisse hin zu untersuchen.

Strukturelle Abhängigkeit bedeutet für die DependenztheoretikerInnen, dass externe Ausbeutungsstrukturen internalisiert werden. Entgegen der einseitigen Lesart der KritikerInnen beschäftigten sie sich nicht nur mit den externen Bedingungen, sondern auch mit den internen Strukturen – gesellschaftlichen Gruppen, politischen Prozessen und vorherrschenden Ideologien –, die durch historisch-strukturelle Abhängigkeit entstanden sind. Vielen ging es gerade um die dialektische Analyse externer und interner Kräfte, die an der Produktion und Reproduktion von Herrschaftsstrukturen mitwirken – wobei „die als ‚intern' betrachteten Strukturen ihrerseits das Ergebnis von historisch früheren Prozessen des Wechselspiels zwischen externen und internen Beziehungen" sind (Sunkel 1972: 260; vgl. Quijano 1974: 305; Cardoso 1977: 13f; Hinkelammert 1970).

Von einer abhängigen Entwicklung profitieren jene Unternehmensgruppen und Klassen, die von der Integration der jeweiligen Länder in einen asymmetrisch strukturierten Weltmarkt profitieren und als Juniorpartner mit dem Auslandskapital Beziehungen eingegangen sind. Cardoso und Faletto (1976) sprechen in diesem Zusammenhang von *vinculaciones*, Andre Gunder Frank (1972) von der „Lumpenbourgeoisie" und Johan Galtung von „Brückenköpfen". Sie verankern ihre Interessen im Staat und sind durch das „Band der Interessenharmonie" (Galtung 1972: 37) mit den Bourgeoisiekräften in den Zentren verbunden. Auf diese Weise entstehen Klassenbündnisse innerhalb des Landes, die die subalternen Klassen einer doppelten Ausbeutung unterwerfen: einerseits durch die lokal herrschende Klasse und andererseits durch die internationale ökonomische Struktur: „The system of ‚external domination' reappears as an ‚internal' phenomenon through the social practices of local groups and classes, who share its interests and values" (Palma 1978: 910). Weil dependenztheoretische Ansätze die Analyse wirtschaftlicher Strukturen abhängiger Länder mit Klassenstrukturen verbinden, bieten sie, genauso wie die Arbeiten von Poulantzas, einen Ansatzpunkt für eine Analyse von (transnationalen) Klassenbildungsprozessen (Fischer 2011).

So einig sich Strukturalismus und Dependenzschule in der Konzeptualisierung ungleicher Entwicklung waren, so unterschiedlich bewerteten sie die Chancen für die Peripherie, aus ihrer untergeordneten Position auszubrechen. Prebisch (2010 [1964]) verband mit einer vertieften Industrialisierung, die mit gezielter staatlicher Politik vorangetrieben wird, die Aussicht, zum „Kapitalismus der Zentren" aufzuschließen. Politisch war damit der Anspruch verbunden, zum „Norden" zu gehören. Die DependenztheoretikerInnen beschrieben einige Jahre später die Beschränkungen dieses Modells und gelangten zu radikaleren Schlussfolgerungen (vgl. Abschnitt 3).

2. Peripherer Kapitalismus und strukturelle Heterogenität

Selbst wenn nach konventionellen Messgrößen Wachstum und Entwicklung erzielt werden, bleiben – und das ist eine zweite wichtige Einsicht der Dependenzschule – Merkmale einer in Folge struktureller Abhängigkeitsbeziehungen deformierten Wirtschafts- und Gesellschaftsstruktur erhalten. Die DependenztheoretikerInnen haben dafür, in Anwendung Luxemburgscher Überlegungen auf Lateinamerika, den Begriff der strukturellen Heterogenität geschaffen (Cordova 1973; Quijano 1974).

Strukturelle Heterogenität ist Ergebnis der gewaltsamen Kolonisierung, in der die jeweiligen Zentren bestehende soziale, kulturelle und wirtschaftliche Zusammenhänge in den Peripherien aufgebrochen und ihren Interessen untergeordnet haben. Nicht überall wurde in diesem Prozess freie Lohnarbeit zur dominanten Produktionsform, und dort, wo sie vorherrscht, ist sie nicht zur einzigen geworden. Sie ist auf vielfältige Weise verflochten mit nichtkapitalistischen Formen wie Zwangs-, Subsistenz- und Sklavenarbeit, unbezahlter Hausarbeit und häuslicher Produktionsweise, Teilpachtverhältnissen oder kommunalen Produktionsformen (AG Bielefelder Entwicklungssoziologen 1979; Hauck 2014). Durch die Entkolonialisierung hat diese Form der gesellschaftlichen Zerklüftung ihren Charakter geändert, verschwunden ist sie jedoch nicht. Sie bildet einen integralen Bestandteil des „modernen Wirtschaftssystems". Ein ausgeprägter Stadt-Land-Gegensatz, Unterbeschäftigung und hohe strukturelle Arbeitslosigkeit sorgen für das Vorhandensein billiger Arbeitskraft; hoch entwickelte industrielle Sektoren und marginale Sektoren existieren eng nebeneinander.

Die DependenztheoretikerInnen stellen strukturelle Heterogenität dem Konzept der dualen Gesellschaft der Modernisierungstheorie, aber auch jenem des orthodoxen Marxismus entgegen. Erstere geht davon aus, dass sich durch wachstumsfördernde Maßnahmen der moderne Sektor ausbreitet und den rückständigen zum Verschwinden bringt – eine viel gehörte Argumentation im Kontext der Südosterweiterung der EU, die heute an Überzeugungskraft verloren hat. MarxistInnen sprechen von „feudalen Resten", die durch die Entwicklung der Produktivkräfte hinweggefegt werden. In der Sicht der AbhängigkeitstheoretikerInnen ist strukturelle Heterogenität ein integraler Bestandteil auch eines modernen Wirtschaftssystems und ein Prozess, der immer wieder aufs Neue Desintegration, Verarmung und Marginalität reproduziert. Diese Einsicht steht nicht nur einem linearen Fortschrittsdenken entgegen, sondern fordert uns auch dazu auf, kapitalistische Entwicklung im Fordismus nicht vorschnell als homogen und räumlich angleichend zu charakterisieren. Eine Krisenanalyse Europas sollte nicht darauf verzichten, das Verhältnis zwischen dominanten kapitalistischen und dominierten nichtkapitalistischen Produktionsweisen zu analysieren (Alnasseri 2004).

Strukturelle Heterogenität ist die besondere Form der Reproduktion des „peripheren Kapitalismus", eine zweite wichtige Kategorie, die die DependenztheoretikerInnen eingeführt haben (Cardoso/Faletto 1976 [1969]); Sunkel 1970). Zwar wird die Gesellschaftsformation in der eingegliederten Peripherie als kapitalistisch charakterisiert. Unterschieden wird aber, im Anschluss an Prebischs „Theorie der peripheren Wirtschaft", zwischen einem zentralen und „einem Kapitalismus eigener Art" in der Peripherie (Marini 1974: 99). Die Dependenztheorie stellt somit einen Versuch dar, Kapitalismus und seine besondere Funktionsweise in der Peripherie zu theoretisieren.

Der aus Ägypten stammende Dependenz- und Weltsystemtheoretiker Samir Amin (1970: 289ff, 1974) beschrieb die unterschiedlichen Akkumulationsmodelle in Zentrum und Peripherie folgendermaßen: Im metropolitanen Kapitalismus bildet die Verbindung zwischen der Produktionsmittelindustrie und den Industrien der Massenkonsumgüter die zentrale Achse. Erfolgreiche Agrarrevolutionen und Kämpfe der Arbeiterbewegung schufen die Voraussetzung für die Dynamik am Binnenmarkt: eine Balance zwischen Produktivitätsentwicklung und Lohnsteigerungen.

Durch diese „autozentrierte Reproduktion" ist das Zentrum in der Lage, seine eigene Entwicklung zu bestimmen.

Die Peripherie ist hingegen durch ein deformiertes Akkumulationsmodell geprägt. In Folge der Zurichtung der Peripherie auf die Bedürfnisse des Zentrums und ausbleibenden Landreformen dominieren dort der Primärgütersektor und die Produktion von Luxusgütern. Da sich aufgrund der strukturellen Heterogenität Produktivitätsentwicklungen in modernen Sektoren nicht notwendigerweise in Lohnerhöhungen übersetzen, bildet sich nur ein begrenzter Binnenmarkt. Die Exportproduktion, meist in Form von Rohstoffen, und die Produktion von Luxusgütern bleiben deshalb bestimmend. Die Binnennachfrage geht vor allem von mit dem Exportsektor verbundenen höheren Einkommenssektoren aus. Dies begünstigt eine Nachfrage nach Waren des relativ gehobenen Bedarfs, die allerdings aufgrund schwacher Kapitalgüterindustrien und der Konsumgewohnheiten der Oberschicht meist importiert werden. Eine autozentrische Akkumulation ist deshalb, so Amins Befund, in der Peripherie blockiert. Die Folgen der abhängigen Reproduktion verfestigen nachhaltig ein Peripherie-Profil. Seine wirtschaftlichen Kennzeichen sind technologische Abhängigkeit, steigende Importe und eine sich verschlechternde Handelsbilanz in Aufschwungphasen. Die soziale Entwicklung ist von Marginalisierung, Unterbeschäftigung und struktureller Arbeitslosigkeit bestimmt.

Es fällt auf, dass Amin strukturelle Heterogenität in peripheren Gesellschaften verortete und damit die Funktionsweise des metropolitanen Kapitalismus idealisierte. Dass seine Analyse des fordistischen Akkumulationsregimes aus dem Jahr 1957 datiert, aber erst 1970 publiziert wurde (Senghaas 2001), mag eine Erklärung dafür sein. Allerdings scheinen auch die zentralen Charakteristika, die Amin dem peripheren Kapitalismus zuordnet, überwunden: Große Teile des globalen Südens verbreiterten ihre ökonomische Basis beachtlich. Die alte, begrifflich markierte Unterscheidung zwischen „Entwicklungsländern" und „Industrieländern" ist obsolet geworden: Heute weisen Länder mit niedrigen und mittleren Einkommen einen höheren Industrieanteil am BNE auf als die „alten Industrieländer"; im Jahr 2007 haben die USA erstmals mehr Industriegüter aus Entwicklungsländern als aus OECD-Staaten importiert (Dicken 2010).

Ist das Konzept des peripheren Kapitalismus und seiner strukturellen Beschränkungen damit passé? Um diese Frage zu beantworten, müssen wir zurückgehen zu den entwicklungsstrategischen Ansätzen der CEPAL und der dependenztheoretischen Kritik an der realen Verlaufsform der nachholenden Industrialisierung.

3. Industrialisierung und die Frage nach einer gelungenen Entwicklung

Die Diagnose von Prebisch und Furtado ist bekannt: So lange hauptsächlich unverarbeitete Rohstoffe ausgeführt werden, die Enklaven-Ökonomien für den Export produzieren und Luxusgüter für den Konsum der Oberschicht importiert werden, wird keine Entwicklung in Gang kommen. Selbst wenn es einen verarbeitenden und landwirtschaftlichen Sektor gibt, bleiben die Produzenten abhängig von der Einfuhr ausländischer Maschinen und Kapitalgüter, woraus eine ständige Devisenknappheit resultiert. Eine Politik der vertieften und beschleunigten Industrialisierung soll diese externen Ungleichgewichte beseitigen.

Ein aktiver Entwicklungsstaat wurde als notwendig angesehen, weil der einheimische Privatsektor und der einheimische Kapitalmarkt zu schwach waren. Dieser schafft im Verbund mit seiner planenden Bürokratie, dem binnenmarktorientierten, produktiven nationalen Kapital und der organisierten (männlichen, städtischen) Arbeiterschaft die Bedingungen für das Wachstum des Binnenmarktes. Binnenorientierung war nicht gleichbedeutend mit Exportfeindlichkeit. Für Prebisch trägt der Außenhandel zu wirtschaftlicher Entwicklung bei. Er bildet eine Voraussetzung für Kapitalbildung und damit für die Steigerung der Arbeitsproduktivität. Die erwirtschafteten Exporterlöse sollen dann effizient am Binnenmarkt eingesetzt werden (Prebisch 1986: 480). Den „lateinamerikanischen Keynesianern" (Lehmann 1990) war klar, dass eine solche Entwicklung ohne grundlegende Strukturreformen im Inneren – wie Demokratisierung, Umverteilung und Landreform – nicht zu haben ist.

Rückblickend führte die Ära der importsubstituierenden Industrialisierung zu einer Verbesserung der Entwicklungsindikatoren (insbesondere bei Lebenserwartung, Bildung und Gesundheit) unter demokratischeren Verhältnissen. In den 1960er und 1970er Jahren verringerte sich erstmals die Einkommensschere zwischen Nord und Süd. Die Verbesserungen waren zwar räumlich ungleich verteilt und das ISI-Wohlfahrtsregime bevorzugte die das Entwicklungsmodell tragenden Gruppen. Im Vergleich mit der nachfolgenden Periode neoliberaler Restrukturierung bleibt der periphere Fordismus jedoch entwicklungsgeschichtlich eine Periode relativer Prosperität (Fischer et al. 2006). Dennoch traten bereits in den 1960er Jahren die Grenzen der importsubstituierenden Industrialisierung immer klarer zutage. Das ist der Entstehungshintergrund der Dependenzschule: Sie widmete sich in der Folge den neuen und möglicherweise noch gravierenderen Formen von Abhängigkeit, die die „abhängige Industrialisierung" geschaffen hatte (für einen Überblick vgl. Kay 1989: 39-46).

Eine wesentliche Schwachstelle war die fortgesetzte Abhängigkeit vom Zustrom ausländischen Kapitals. Um die staatlichen Ausgaben zu finanzieren, mussten die Regierungen Kredite im Ausland aufnehmen. Auf diese Weise verschärfte ISI die Zahlungsbilanzprobleme, anstatt sie zu beseitigen. Auch die lokale Importsubstituierung ging mit einer verstärkten Durchdringung mit ausländischem, insbesondere US-amerikanischem Kapital einher, die zu einer neuen Form der „industriell-technologischen Abhängigkeit" (dos Santos 1970: 232) führte. Seit den 1960er Jahren dominierte ausländisches Kapital nicht mehr nur die Rohstoffextraktion, sondern auch lukrative Verarbeitungssektoren am (regionalen) Binnenmarkt. Der Devisenabfluss durch Gewinne und Dividenden auf ausländische Direktinvestitionen sowie für Zinszahlungen auf Auslandskredite war erheblich: „[T]he struggle for industrialization, which was previously seen as an antiimperialist struggle, has become increasingly the goal of foreign capital" (Palma 1978: 909).

Eine zweite Achillesferse bildete das Verhältnis zwischen Staat und Unternehmern. Die CEPAL ging in ihrem entwicklungsstrategischen Konzept von der Prämisse aus, dass die wesentlichen Akteure im „modernisierenden Block", der Staat und das nationale Kapital, natürliche Partner seien. Staatliche Intervention und Planung stießen in der Praxis jedoch auf eine Reihe von Schwierigkeiten: Die Unternehmer nahmen zwar bereitwillig die Begünstigungen des Staates an, eine Einmischung in ihre Investitionsentscheidungen und Unternehmenspolitik ließen sie aber nicht zu (Chibber 2005). Es oblag deshalb gänzlich dem Staat, kapitalintensive Sektoren wie etwa die Grundstoff- und Versorgungsindustrien aufzubauen und zu finanzieren („verschuldete Industrialisierung"). Schließlich konnten die von den Strukturalisten geforderten „*reformas de base*" (Furtado 1964) nicht oder nur unzureichend umgesetzt werden. Eine tiefgreifende Landreform, soziale Reformen und Umverteilung scheiterten am Widerstand einer mit dem Auslandskapital verbündeten internen Bourgeoisie, die unter dem Zollschutz des Entwicklungsstaates zu einer integrierten Finanz-, Agrar- und Industrieoligarchie geworden war (Fischer 2011).

Ein Teil der DependenztheoretikerInnen zog daraus den Schluss, dass für die Peripherie im kapitalistischen Weltsystem keine Entwicklung möglich ist. Nur eine sozialistische Revolution könne die Metropolen-Satelliten-Beziehung beenden (exemplarisch Frank 1969). Eine andere Strömung setzte bei den erkannten Defiziten der ISI an und reformulierte die Konzepte der CEPAL (exemplarisch Sunkel 1972; Furtado 1972, 1974). Sie beharrten auf notwendigen politischen Strukturreformen, sollte eine nachholende Entwicklung erfolgreich sein: ein Aufbrechen der Reichtumskonzentration und Maßnahmen zur Umverteilung, die Finanzierung von Entwicklungszielen durch interne Sparvermögen, die Reduzierung des Schuldendienstes sowie eine entwicklungsorientierte Geldpolitik. Eine solche Strategie beinhaltet ein Stück Abkoppelung („*delinking*") aus dem Weltmarktzusammenhang, um die Kontrolle über die eigenen nationalen Ressourcen zu erlangen. Mögliche Maßnahmen sind zum Beispiel die Enteignung ausländischen Kapitals sowie die Einführung von Kapitalverkehrskontrollen und Importbeschränkungen. Eine endogene Entwicklung setzt Entscheidungsautonomie voraus. Einzig denkbarer Machtraum für eine solche Politik schien damals der Nationalstaat, die räumliche Perspektive war dennoch eine regionale. Um den beschränkten internen Märkten und dem Devisenbeschaffungsproblem zu entkommen, braucht es insbesondere für die kleineren Nationalökonomien eine regionale Integration und Süd-Süd-Kooperation (zum Problem der Größe vgl. Seers 1981).

Die dependenztheoretische Analyse der Verlaufsform peripher-industrieller Entwicklung und ihrer Grenzen beweist auch heute ihre Gültigkeit. In großen Teilen der Peripherie ist die Kapitalgüterindustrie unverändert schwach oder nicht vorhanden, woraus technologische Abhängigkeit und eine Importabhängigkeit bei Kapitalgütern, Maschinen und Ersatzteilen resultiert. Kennzeichnend für das Peripherie-Profil und unverändert aktuell ist ein hoher Agraranteil am Außenhandel und am BNE, verbunden mit (chronischen) Leistungsbilanzdefiziten. Ausländische Investitionen landen in den modernen und strategisch bedeutsamen Sektoren (Telekommunikation, Finanzdienstleistungen, öffentliche Versorgungsbetriebe, Rohstoffgewinnung) und in den exportorientierten Branchen. Ein Merkmal der peripheren Wirtschaftsstruktur ist die mangelnde Kontrolle über die Produktionsprozesse: Internationale Handels- und Investitionsabkommen und transnational verflochtene Produktionsnetzwerke schränken den Spielraum erheblich ein.

Auch verschiedene Formen des Reichtumstransfers von der Peripherie in die Zentren werden sichtbar, wenn wir das „unselige Konzept des ungleichen Tauschs" von der Hochebene der „reinen Ökonomie" auf die konkrete Ebene der internationalen Produktion und des internationalen Handels verlagern (Hauck 2014). Reichtumstransfer findet beispielsweise statt mittels Subventionen, Gewinnrepatriierungen, Steuererleichterungen und Zöllen, Lizenzen und Patenten, intellektuelle Eigentumsrechte inbegriffen, sowie durch Marktmonopole, Unternehmensallianzen und Kartelle (Raffer/Singer 2004).

Zentrum-Peripherie-Verhältnisse bestehen in unterschiedlichen Konfigurationen fort, je nach Art der Einbindung in die internationale Arbeitsteilung bzw. in grenzüberschreitende Wertschöpfungsketten. Die Verbreiterung der industriellen Basis und gestiegenes Know-how haben dazu geführt, dass mittlerweile auch eine technologisch anspruchsvolle (Teile-)Fertigung und gehobene Dienstleistungen an Zulieferunternehmen und Arbeitskräfte in der Peripherie ausgelagert werden. Eine solche Integration kann lokale Entwicklungsimpulse auslösen, gleichzeitig aber die Regionenkonkurrenz und eine Fragmentierung innerhalb der Nationalstaaten verstärken. Immer ist danach zu fragen, wer profitiert und welche Entwicklungseffekte – im Sinne von lokalen *linkages*, Wissenstransfer oder höherwertigen und besser bezahlten Arbeitsplätzen – aus der Eingliederung in globale Produktionsnetzwerke erwachsen. Um die Dialektik von Veränderung und Beharrung von (Macht-)Strukturen zu erkennen, braucht es genaue empirische Untersuchungen (vgl. Fischer/Reiner 2012; Fallstudien in Fischer et al. 2010).

Nach dem Washingtonkonsens und seiner Politik des „deregulate and wait" erhalten industriepolitische Ansätze für die Peripherie neue Bedeutung. Auch in den Zentren ist seit der Krise Industriepolitik merkbar zurück auf der politischen Agenda. Die EU-Kommission proklamiert

„Now more than ever, Europe needs industry and industry needs Europe". Das „manufacturing powerhouse" Deutschland avanciert zum Vorzeigebeispiel der EU. Es mehren sich die Stimmen, die Griechenland, Spanien und Portugal eine (Re-)Industrialisierung nahelegen (für einen ausgezeichneten Überblick über die derzeitigen Debatten und die Entwicklungsimpulse, die der Industrie zugeschrieben werden, vgl. Reiner 2012).

Das Plädoyer für eine industrielle Entwicklung, die sich im Mainstream ausbreitet, hat allerdings weder etwas mit den strukturalistischen noch mit den dependenztheoretischen Vorschlägen zu tun. Der Ratschlag an die Entwicklungsländer lautet, ihre Position in transnationalen Wertschöpfungsketten zu verbessern oder sich in einer weltmarktorientierten Nischenproduktion zu bewähren. Der europäischen Peripherie wird nahegelegt, die industrielle Exportbasis zu stärken (exemplarisch OECD 2013). Solche Vorschläge sind das Gegenteil von dem, was die Abhängigkeitstheoretikerinnen im Sinn hatten. Statt angebotsorientierter Industriepolitik traten sie für Nachfrageorientierung und Umverteilung ein, statt Weltmarkt- und Exportorientierung für eine Endogenisierung der wirtschaftlichen Dynamik. Ein strukturalistischer Zugang ersetzt das Leitziel einer auf die Angebotsseite reduzierten Wettbewerbsfähigkeit durch einen entwicklungsorientierten Integrationsmodus und eine verstärkte Süd-Süd-Kooperation. An die Stelle vertiefter vertikaler Spezialisierung rückt eine regionale Versorgungswirtschaft, und interner Kolonialismus wird durch eine planende, umverteilende Regionalpolitik abgelöst. Warum sollten diese Vorschläge heute weniger sinnvoll sein als vor 50 Jahren?

In Lateinamerika machten Militärputsche diesen radikalreformistischen Strategien dort, wo sie Realität zu werden drohten, ein Ende. Auch im gegenwärtigen Europa haben solche Leitziele aufgrund der Kräfteverhältnisse im herrschenden Block derzeit kaum eine Chance auf Durchsetzung. Und Bündnisse, die ein euro-keynesianisches Projekt vorschlagen, sind uneins über ein wichtiges Element dependenztheoretischer Expertise: die Notwendigkeit einer eigenständigen Geldpolitik zur Steuerung wirtschaftlicher Prozesse. Der globale Süden könnte in dieser Hinsicht Europa ein positives Bild seiner Zukunft zeigen: Dort, wo globalen Produktionsnetzwerken ökonomische und politische Grenzen gesetzt werden, eröffnen sich Gestaltungsräume für entwicklungsorientierte Regionalismen (Muhr 2013).

4. Progressive Auswege über Industrialisierung hinaus: kollektive Self-Reliance

Viele DependenztheoretikerInnen dachten über eine durch Strukturreformen vertiefte binnenmarktorientierte Industrialisierung hinaus. Die lateinamerikanischen Intellektuellen waren von der Kubanischen Revolution und der globalen Revolte 1968 inspiriert. Es war aber gerade die Machteroberung rechtsgerichteter Militärs, die sie darin bestärkte, über radikale Veränderungen nachzudenken (Bernecker 2000). Während damals wie heute die Notwendigkeit einer sozialistischen Revolution ein abstraktes Postulat bleibt, versprechen Ansätze, die eine endogene Entwicklung mit einer Transformation des Produktivsystems verbinden, interessante Impulse. Dazu gehört die Entwicklungsstrategie einer (kollektiven) Self-Reliance. Das in den 1970er Jahren formulierte Konzept besitzt den Charme, auf Fragen der Weltentwicklung zu antworten, die sich heute mit gestiegener Brisanz stellen: nämlich, ob eine nachholende industrielle Entwicklung nach westlichem Vorbild in einer sich entnationalisierenden, globalen Akkumulationsdynamik wirtschaftlich möglich und ökologisch wünschenswert ist.

Die Entwicklungsstrategie der kollektiven Self-Reliance ist deshalb nicht zu verwechseln mit der Forderung der Entwicklungsländer nach einer Neuen Weltwirtschaftsordnung. Unter dem gleichen Motto beschlossen zur selben Zeit die Blockfreien-Bewegung und die Gruppe der 77 innerhalb der UNCTAD gemeinsame Aktionsprogramme. Die Staats- und Regierungschefs der Dritten Welt bekräftigten ihr Recht, eine eigene Politik im eigenen Interesse zu bestimmen und forderten von den Industrieländern gerechtere Bedingungen im internationalen Handel. Dazu gehörten unter anderem eine Steigerung der Rohstoffpreise und des Rohstoffverbrauchs, Marktzugang für Produkte aus Entwicklungsländern und eine Anhebung der Entwicklungshilfe (vgl. die Dokumente in Khan/Matthies 1978).

Auch die Proponenten einer kollektiven Self-Reliance sahen es als notwendig an, die Spielregeln des internationalen Systems zu verändern. Die Forderung der Blockfreien, am Fortschritt teilzuhaben, war für Galtung allerdings nichts anderes als ein „Kapitalismus für jedermann". Eine Neue Weltwirtschaftsordnung dieser Art würde der alten sehr ähneln, mit einem – ebenfalls abzulehnenden – Unterschied: einer unabhängigeren und beschleunigten Kapitalakkumulation in den Zentren der heutigen Peripherie, die sich dann zu „Zentren eigener Art entfalten" (Galtung 1983: 25f) würden.

Was sind nun die Eckpfeiler der Entwicklungsstrategie? Self-Reliance meint „Unabhängigkeit" oder „aus eigener Kraft". Grundlegend dafür sind die vollständige Kontrolle lokaler Ressourcen und deren Nutzung im Rahmen einer eigenständigen Wirtschaftspolitik (vgl. zum Folgenden Amin 1976, 1979; Galtung 1983). Im Vordergrund steht die Befriedigung der materiellen und immateriellen Grundbedürfnisse. Dazu gehören kulturelle Entfaltung, breite Mitbestimmung (auch in der Produktion) und öffentliche Wohlfahrt. Eine binnenmarktorientierte Industrialisierung und Ausweitung der internen Nachfrage bleiben als wirtschaftspolitisches Ziel erhalten. Die Produktion soll aber stärker an die landwirtschaftliche Entwicklung gekoppelt werden. Vorrang erhält die Ernährungssicherheit.

Self-Reliance nimmt Abschied von dem Ziel einer nachholenden Entwicklung, ohne in antimoderne Argumentationsmuster, wie sie zum Teil in Post-Development-Ansätzen zu finden sind, zu verfallen. Mit ihren Grundüberzeugungen bildet sie auch einen Gegenpol zu modernisierungstheoretisch geleiteten Green-Growth-Strategien. Als Mitautoren der Cocoyoc Deklaration (UNEP/UNCTAD 1974) haben Samir Amin und Johan Galtung globales Ressourcenmanagement und Umweltschutz im Sinne der Solidarität mit zukünftigen Generationen gefordert. In gemeinschaftlichem Besitz befindliche Ressourcen sollen streng geschützt und deren Verbrauch besteuert werden, und zwar zugunsten der armen Länder und Bevölkerungsschichten. Solche Einnahmen sollen die traditionelle Entwicklungshilfe ersetzen.

Die Frage der außenwirtschaftlichen Verflechtung wird differenziert betrachtet. Seit den Auseinandersetzungen zwischen Liberalen und Protektionisten im 19. Jahrhundert sind Standpunkte zum Außenhandel in allen entwicklungstheoretischen Konzepten lateinamerikanischer Herkunft präsent. Sie werden derzeit in den Diskussionen rund um den Rohstoffboom und den sogenannten „Neoextraktivismus" aktualisiert (Gudynas 2011). Ein Aspekt der Self-Reliance ist der zeitweilige Rückzug aus weltwirtschaftlichen Zusammenhängen, ein Standpunkt, den viele DependenztheoretikerInnen teilen: Da das Zentrum eine gelingende Entwicklung in der Peripherie behindert, ist es für die „Satelliten" vorteilhaft, wenn die Verbindungen zur Metropole möglichst schwach ausgeprägt sind. Für Amin (1976) ist eine – selektive, strategische, zeitweilige oder kontrollierte – Dissoziation vom Weltmarkt eine Voraussetzung dafür, dass ein autonomer Raum der Kapitalreproduktion entsteht und endogene Entwicklung möglich wird.

Repressive Außenverflechtung zurückzufahren hat allerdings nichts mit einem Rückzug in die Autarkie zu tun. Weder externe Kapitalflüsse noch Handelsbeziehungen werden per se abgelehnt. Außenbeziehungen werden allerdings der Logik endogener Entwicklung untergeordnet; Weltmarktbeziehungen sollen genutzt werden, wenn sie diesem übergeordneten Ziel dienlich sind. „Entscheidend ist die innere Integration", wie Wolfgang Hein schreibt, „wieweit diese durch außenwirtschaftliche Öffnung oder Dissoziation positiv oder negativ beeinflußt wird, ist eine Frage des konkreten Falles und nicht generell theoretisch antizipierbar" (Hein 2001: 221; Senghaas 1977; zur Verbindung von autozentrierter und exportorientierter Entwicklung am Beispiel Europas vgl. Senghaas 1982).

Auch will Self-Reliance keinesfalls ein Synonym für Autarkie, Selbstversorgung oder Selbstgenügsamkeit sein. Allerdings sollen, ökologischen Überlegungen folgend, zum einen Entfernungen verringert und die regionale Kooperation intensiviert werden. Zum anderen gelangt ein – anders als bei neoliberalen Dezentralisierungsideen oder katholischen Soziallehren – politisch progressiv gedachtes Subsidiaritätsprinzip zur Anwendung: Güter sollen so weit wie möglich lokal produziert werden. Ist dies nicht möglich, auf nationaler und subregionaler Ebene, in einem anderen Land derselben Region etc. „Nicht die Vermeidung von Interaktion, sondern Interaktion gemäß den Kriterien von Self-Reliance, auch der Self-Reliance anderer, ist das Ziel, *damit jede neue Zentrum-Peripherie-Bildung von vornherein unterbunden wird*" (Galtung 1983: 50f, Herv.i.O.). Kooperative regionale Beziehungen und eine Süd-Süd-Kooperation bilden die Eckpfeiler einer umfassenden Strategie, ungleiche Zentrum-Peripherie-Beziehungen aktiv zu bekämpfen.

Die globalen Machtverschiebungen durch den Aufstieg der BRICS lassen die Verwirklichung einer solchen politischen Strategie heute wahrscheinlicher erscheinen (Arrighi 2008; Amin 2011). Wirtschaftswachstum und Einkommensverbesserungen in diesen Ländern machen aber auch ökologische Grenzen und De-Growth zu einem großen Thema. Die an

Suffizienz ansetzende kollektive Self-Reliance entwirft für den globalen Norden und Süden neue Entwicklungsziele, Produktions- und Konsummuster. Die politischen Strategien für eine Transformation sind dort wie da dieselben: jene Strukturen, die auf ungleichem Tausch, vertikaler Arbeitsteilung, Abhängigkeit, Fragmentierung und Marginalisierung beruhen, zu schwächen oder zu modifizieren; jene Strukturen, die auf Prinzipien der Eigenständigkeit beruhen, auszubauen bzw. zu stärken.

Die normative Utopie einer Self-Reliance besticht damals wie heute, ihre praktische Umsetzung, etwa in Tanzania oder Jugoslawien, ist allerdings gescheitert. Auf die Frage, wie Macht, Planung und Steuerung demokratisch organisiert werden können, um die jeweiligen Potenziale der unterschiedlichen räumlichen Ebenen zu nutzen, müssen erst noch neue Antworten gefunden werden.

5. Resümee

In dem Beitrag wurde der Frage nachgegangen, inwieweit die lateinamerikanischen Abhängigkeitstheorien in der Lage sind, gegenwärtige Prozesse ungleicher Entwicklung zu erfassen. Dabei bietet die Dependenzschule wichtige Vorzüge: Sie analysiert Integrationsdynamiken von den Rändern her und deutet Krisenprozesse als strukturelle und nicht als vorübergehende Störungen. DependenztheoretikerInnen lenken den Blick auf die hierarchische Struktur von internationaler Arbeitsteilung und abhängiger Integration. Sie betonen Abhängigkeits- und Dominanzbeziehungen, die historische Herangehensweise öffnet aber den Blick dafür, solche Prozesse als veränderlich wahrzunehmen. Dependenztheoretisch geleitete Abhängigkeitsanalysen sind deshalb, wie F.H. Cardoso schreibt, Teil des immer wieder unternommenen Bestrebens „to reestablish a tradition of analysis of economic structures and structures of domination; one that would not suffocate the historical process by removing from it the movement which results from the permanent struggle among groups and classes. Instead of accepting the existence of a determined course in history, there is a return to conceiving of it as an open-ended process" (Cardoso 1977: 10f).

Die in diesem Beitrag gezeigte Aktualisierung dependenztheoretischer Konzepte verdeutlicht, dass diese auch unter den gegenwärtigen

Bedingungen kapitalistischer Entwicklung ihre Aussagekraft behalten. Zentrum, Peripherie und strukturelle Abhängigkeit, aber auch das Konzept der inneren Kolonien, der strukturellen Heterogenität und des peripheren Kapitalismus bleiben empirisch brauchbare Kategorien, um ungleiche Integrationsprozesse und Peripherie-Profile zu analysieren.

Die Fragen, die sich die lateinamerikanischen Intellektuellen stellten, waren, genauso wie ihre Antworten, politische und nicht nur wissenschaftliche. Ihre Vorschläge geben auch für die heutige Debatte um Alternativen wichtige Impulse (vgl. Novy in diesem Heft). Eine mit grundlegenden Strukturreformen verbundene, endogene Entwicklung kann heute Teil einer „radikalen Reformpolitik" (Alain Lipietz) im europäischen Machtraum sein. Die alternative Entwicklungsstrategie einer kollektiven Self-Reliance verbindet diese mit einer langfristigen, antikapitalistischen Utopie: Sie nimmt Abschied vom Wachstumsimperativ und basiert auf einer neuen Lebens- und Produktionsweise. Eine lokale, nationale und regionale Self-Reliance wird zusammen mit Regulierungserfordernissen auf Weltebene zum Leitprinzip einer neuartigen „Multi-Level-Governance", die letztlich auch auf eine globale Umverteilung hinausläuft. Dass solche demokratischen Steuerungsprozesse nicht nur, gelinde gesagt, komplex sind, sondern auch einer radikalen Veränderung der politischen Kräfteverhältnisse bedürfen, sollte uns nicht davon abhalten, die Ideen dieser Klassiker aufzugreifen und weiterzudenken.

Literatur

AG Bielefelder Entwicklungssoziologen (Hg., 1979): Subsistenzproduktion und Akkumulation. Bielefelder Studien zur Entwicklungssoziologie Bd. 5. Saarbrücken: Breitenbach.

Alnasseri, Sabah (2004): Periphere Regulation. Regulationstheoretische Konzepte zur Analyse von Entwicklungsstrategien im arabischen Raum. Münster: Westfälisches Dampfboot.

Amin, Samir (1970): L'accumulation à l'échelle mondiale. Paris: Anthropos.

Amin, Samir (1974): Zur Theorie von Akkumulation und Entwicklung in der gegenwärtigen Weltgesellschaft. In: Senghaas, Dieter (Hg.): Peripherer Kapitalismus. Analysen über Abhängigkeit und Unterentwicklung. Frankfurt am Main: Suhrkamp, 71-97.

Amin, Samir (1976): Some Thoughts on Self-reliant Development, Collective Self-reliance and the New International Economic Order. Dakar: United Nations, African Institute for Economic Development and Planning.

Amin, Samir (1979): „Self-Reliance" und die neue internationale Wirtschaftsordnung. In: Senghaas, Dieter (Hg.): Kapitalistische Weltökonomie. Kontroversen über ihren Ursprung und ihre Entwicklungsdynamik, Frankfurt am Main: Suhrkamp, 317-336.

Amin, Samir (2011): Ending the crisis of capitalism or ending capitalism. Oxford/Dakar: Pambazuka.

Arrighi, Giovanni (2008): Adam Smith in Beijing. Die Genealogie des 21. Jahrhunderts. Hamburg: VSA.

Becker, Joachim (2011): Wachstumsmodelle und Krisenmuster in Osteuropa. In: WSI-Mitteilungen, 64 (6), 270-277.

Bernecker, Walther L. (2000): Cepalismo, Desarrollismo, Dependencia: regionale Wirtschaftstheorien und Entwicklungsstrategien in Lateinamerika. In: Bahadir, Sefik Alp (Hg.): Kultur und Region im Zeichen der Globalisierung. Wohin treiben die Regionalkulturen? Neustadt: Degener & Co, 247-261.

Bohle, Dorothee (2002): Erweiterung und Vertiefung der EU: Neoliberale Restrukturierung und transnationales Kapital. In: PROKLA 32 (3), 353-379.

Cardoso, Fernando Henrique (1977): The Consumption of Dependency Theory in the United States. In: Latin American Research Review 12 (3), 7-24.

Cardoso, Fernando Henrique /Faletto, Enzo (1976 [1969]): Abhängigkeit und Entwicklung in Lateinamerika. Frankfurt am Main: Suhrkamp (im Original: Dependencia y desarrollo en América Latina. Mexico/Buenos Aires: Siglo Veintiuno, 1969).

Chibber, Vivek (2005): Reviving the developmental state? The myth of the „national bourgeoisie". In: Panitch, Leo/Leys, Colin (Hg.): Socialist Register 2005. The empire reloaded. London: Merlin, 144-165.

Cordova, Armando (1973): Strukturelle Heterogenität und wirtschaftliches Wachstum. Frankfurt am Main: Suhrkamp.

Dicken, Peter (2010): Global Shift. Mapping the Changing Contours of the World Economy. London: Sage.

Dos Santos, Theotonio (1970): The Structure of Dependence. In: The American Economic Review 60 (2), 231-236.

Fischer, Karin (2011): Eine Klasse für sich. Besitz, Herrschaft und ungleiche Entwicklung in Chile 1830–2010. Baden-Baden: Nomos.

Fischer, Karin/Reiner, Christian (2012): Globale Warenketten: Analysen zur Geographie der Wertschöpfung. In: Z. Zeitschrift für marxistische Erneuerung 89 (23), 27-44.

Fischer, Karin/Hödl, Gerald/Parnreiter, Christof (2006): Entwicklung – eine Karotte, viele Esel? In: Fischer, Karin/Maral-Hanak, Irmi/Hödl, Gerald/Parnreiter, Christof (Hg.): Entwicklung und Unterentwicklung. Eine Einführung in Probleme, Theorien und Strategien. Wien: Mandelbaum, 13-55.

Fischer, Karin/Reiner, Christian/Staritz, Cornelia (Hg., 2010): Globale Güterketten. Weltweite Arbeitsteilung und ungleiche Entwicklung. Wien: Promedia/Südwind.
Frank, Andre Gunder (1966): The Development of Underdevelopment. In: Monthly Review 18 (4), 17-31.
Frank, Andre Gunder (1969): Lateinamerika. Kapitalistische Unterentwicklung oder sozialistische Revolution? In: Echeverría, Bolívar/Kurnitzky, Horst (Hg.): Kritik des bürgerlichen Anti-Imperialismus. Berlin: Wagenbach, 91-132.
Frank, Andre Gunder (1972): Lumpenburguesía: Lumpendesarrollo. Barcelona: Editorial Laia.
Furtado, Celso (1962): Formación económica del Brasil. México: Fondo de Cultura Económica (im Original: Formacão econômica do Brasil, Rio de Janeiro: Fundo de Cultura, 1959).
Furtado, Celso (1964): Development and Underdevelopment. Berkeley: University of California Press (im Original: Desarrollo y subdesarrollo, Buenos Aires: Editorial Universitaria, 1961).
Furtado, Celso (1972): Externe Abhängigkeit und ökonomische Theorie. In: Senghaas, Dieter (Hg.): Imperialismus und strukturelle Gewalt. Analysen über abhängige Reproduktion. Frankfurt am Main: Suhrkamp, 316-334.
Furtado, Celso (1974): Unterentwicklung und Abhängigkeit. Eine globale Hypothese. In: Senghaas, Dieter (Hg.): Peripherer Kapitalismus. Analysen über Abhängigkeit und Unterentwicklung. Frankfurt am Main: Suhrkamp, 159-165.
Galtung, Johan (1972): Eine strukturelle Theorie des Imperialismus. In: Senghaas, Dieter (Hg.): Imperialismus und strukturelle Gewalt. Analysen über abhängige Reproduktion. Frankfurt am Main: Suhrkamp, 29-104.
Galtung, Johan (1983): Self-Reliance. Beiträge zu einer alternativen Entwicklungsstrategie. Herausgegeben von Mir A. Ferdowsi. München: Minerva.
Gudynas, Eduardo (2011): Neo-Extraktivismus und Ausgleichsmechanismen der progressiven südamerikanischen Regierungen. In: Kurswechsel 3/2011, 69-80.
Harvey, David (2006): Spaces of Global Capitalism: A Theory of Uneven Geographical Development. London/New York: Verso.
Hauck, Gerhard (2014): Die Aktualität der „großen" entwicklungstheoretischen Debatten der 1970er/80er Jahre. In: Politische Vierteljahresschrift (im Erscheinen).
Hein, Wolfgang (2001): „Autozentrierte Entwicklung" – Überlegungen zur Neufundierung eines immer noch wichtigen Konzeptes. In: Thiel, Reinold E. (Hg.): Neue Ansätze zur Entwicklungstheorie. Bonn: DSE/IZEP, 218-238.
Hinkelammert, Franz (1970): Dialectica del Desarrollo Desigual. Valparaíso: Ediciones Universitarias de Valparaíso.
Hirschman, Albert O. (1958): The Strategy of Economic Development. New Haven: Yale UP.
Khan, Kushi M./Matthies, Volker (1978): Collective Self-Reliance: Programme und Perspektiven der Dritten Welt. Einführung und Dokumente. München/London: Weltforum.

Kay, Cristóbal (1989): Latin American theories of development and underdevelopment. London/New York: Routledge.

Lehmann, David (1990): Democracy and Development in Latin America. Economics, Politics and Religion in the Post-War Period. Cambridge: Polity Press.

Love, Joseph L. (2011): The Latin American Contribution to Center-Periphery Perspectives: History and Prospect. In: Reill, Peter Hanns/Szelényi, Balázs A. (Hg.): Cores, Peripheries, and Globalization. Essays in Honor of Ivan T. Berend. Budapest: CEU Press, 15-42.

Marini, Ruy Mauro (1974): Die Dialektik der Abhängigkeit. In: Senghaas, Dieter (Hg.): Peripherer Kapitalismus. Analysen über Abhängigkeit und Unterentwicklung. Frankfurt am Main: Suhrkamp, 98-136.

Muhr, Thomas (Hg., 2013): Counter-Globalization and Socialism in the 21st Century. The Bolivarian Alliance for the Peoples of Our America. London: Routledge.

Myrdal, Gunnar (1974): Ökonomische Theorie und unterentwickelte Regionen. Frankfurt am Main: Fischer.

Neunhöffer, Gisela/Schüttpelz, Anne (2002): „Offene" und „geschlossene" Transformation: Von peripheren und noch periphereren Kapitalismen in Osteuropa. In: PROKLA 31 (3), 377-398.

Nolte, Hans-Heinrich (Hg., 1991): Internal Peripheries in European History. Göttingen/Zürich: Muster-Schmidt.

O'Connell, Arturo (2001): The return of „vulnerability" and Raul Prebisch's early thinking on the „Argentine business cycle". In: Cepal Review 75, 51-65.

OECD (2013): Perspectives on Global Development 2013. Industrial Policies in a Changing World. Shifting up a Gear. Paris: OECD Development Centre.

Palma, Gabriel (1978): Dependency: A Formal Theory of Underdevelopment or a Methodology for the Analysis of Concrete Situations of Underdevelopment? In: World Development 6, 881-924.

Prebisch, Raúl (1981): The Latin American periphery in the global system of capitalism. In: Cepal Review 13, 143-150.

Prebisch, Raúl (1986 [1949]): El desarrollo económico en América Latina y algunos de sus principales problemas. In: Desarrollo Económico 26 (103), 479-502 (zuerst erschienen Santiago: CEPAL, 1949).

Prebisch, Raúl (2010 [1964]): Für eine bessere Zukunft der Entwicklungsländer. In: Fischer, Karin/Hödl, Gerald/Sievers, Wiebke (Hg.): Klassiker der Entwicklungstheorie. Von Modernisierung bis Post-Development. Wien: Mandelbaum, 130-146.

Quijano, Anibal (1974): Marginaler Pol der Wirtschaft und marginalisierte Arbeitskraft. In Senghaas, Dieter (Hg.): Peripherer Kapitalismus. Analysen über Abhängigkeit und Unterentwicklung. Frankfurt am Main: Suhrkamp, 298-341.

Raffer, Kunibert/Singer, Hans Wolfgang (2004): The Economic North South Divide: Six Decades of Unequal Development. Cheltenham/Northampton: Edward Elgar.

Reiner, Christian (2012): Play it again, Sam: Die Renaissance der Industriepolitik in der Großen Rezession. In: Wirtschaft und Gesellschaft 38 (1), 15-56.
Seers, Dudley (1981): Development Options: The Strengths and Weaknesses of Dependency Theories in Explaining a Government's Room to Manoeuvre. In: Seers, Dudley (Hg.): Dependency Theory. A Critical Reassessment. London: Frances Pinter, 135-149.
Senghaas, Dieter (1977): Weltwirtschaftsordnung und Entwicklungspolitik: Plädoyer für Dissoziation. Frankfurt am Main: Suhrkamp.
Senghaas, Dieter (1982): Von Europa lernen. Frankfurt am Main: Suhrkamp.
Senghaas, Dieter (2001): Samir Amin (* 1931). Akkumulation auf Weltebene – Autozentrierte Entwicklung. In: E+Z – Entwicklung und Zusammenarbeit 6, 196-199.
Smith, Neil (1984): Uneven Development. Nature, Capital and the Production of Space. London: Allen & Unwin.
Sunkel, Osvaldo (1970): Desarrollo, subdesarrollo, dependencia, marginación y desigualdades espaciales; hacia un enfoque totalizante. In: Eure 1 (1), 13-49.
Sunkel, Osvaldo (1972): Transnationale kapitalistische Integration und nationale Desintegration: Der Fall Lateinamerika. In: Senghaas, Dieter (Hg.): Imperialismus und strukturelle Gewalt. Analysen über abhängige Reproduktion. Frankfurt a.M.: Suhrkamp, 258-315.
Sutcliffe, Bob (2001): 100 Ways of Seeing an Unequal World. London/New York: Zed Books.
Swyngedouw, Erik/Moulaert, Frank/Wilson, Peter (2001): Spatial Responses to Fordist and Post-Fordist Accumulation and Regulation. In: Jessop, Bob (Hg.): Developments and extensions. Cheltenham: Edward Elgar, 163-175.
UNEP/UNCTAD (1974): The Cocoyoc Declaration. Adopted by the participants in the UNEP/UNCTAD Symposium on „Patterns of Resource Use, Environment and Development Strategies". 8.-12. Oktober 1974, Cocoyoc, Mexico. http://helsinki.at/projekte/cocoyoc/COCOYOC_DECLARATION_1974.pdf, 20.5.2013.
Weissenbacher, Rudy (2008): Keeping up appearances: uneven global development in a system of structural imbalances. In: Journal für Entwicklungspolitik 24 (4), 78-120.

Abstracts

In dem Beitrag werden die theoretischen und entwicklungsstrategischen Konzepte des lateinamerikanischen Strukturalismus und der Dependenzschule vorgestellt und in ihre Entstehungskontexte eingebettet. Im Anschluss daran wird geprüft, inwieweit diese für die Analyse und Erklärung der Weltungleichheitsordnung und insbesondere für die krisenhafte Integrationsdynamik der Europäischen Union Relevanz besitzen. Am Beispiel zentraler Konzepte, unter anderem Peripherisierung, strukturelle Heterogenität und peripherer Kapitalismus, wird gezeigt, dass diese in der Lage sind, gegenwärtige Raumhierarchien und Peripherie-Profile in der EU angemessen zu beschreiben. Auch die politischen Vorschläge, die die lateinamerikanischen Intellektuellen auf Basis ihrer Analysen entwickelt haben, können nach Meinung der Autorin wichtige Impulse für die Diskussion über Alternativen zum gegenwärtigen neoliberalen Integrationsmodus der EU geben. Konzepte wie das der endogenen Entwicklung und der kollektiven Self-Reliance zeigen einen Vektor für eine Transformation an, die allerdings unter den herrschenden Kräfteverhältnissen vorerst eine normative Utopie bleibt.

The author introduces the theoretical and political concepts of two critical strands of development thinking in Latin America, Structuralism and dependency theory. She shows the conditions under which their concepts evolved and at which political conclusions the thinkers arrived. Subsequently she carries out a review of the relevance of the dependency framework. With regard to the crisis-ridden integration process of the European Union the article shows that concepts like peripherisation, structural heterogeneity or peripheral capitalism still permit an appropriate analysis of current developments and the peripheral status of the Eastern and Southern European countries. When it comes to alternatives, the proposals put forward by the Latin American intellectuals are still convincing. Endogenous development or collective self-reliance provide vectors for an alternative development but a transformation of this kind is likely to remain an elusive utopia in the immediate future.

Karin Fischer
Institut für Soziologie, Abteilung Politik- und Entwicklungsforschung
Johannes Kepler University Linz
Karin.Fischer@jku.at

Joachim Becker, Johannes Jäger, Rudy Weissenbacher
Abhängige Finanzialisierung und ungleiche Entwicklung: Zentrum und Peripherie im europäischen Integrationsprozess

Als Griechenland 1981 das zehnte Mitglied der Europäischen Gemeinschaft (EG, heute: Europäische Union/EU) wurde, befand sich die kapitalistische Weltökonomie in ihrer zweiten globalen Rezession nach dem Zweiten Weltkrieg. US-Präsident Ronald Reagan und die englische Premierministerin Margret Thatcher forcierten international jenes Politik-Konglomerat aus neoliberaler Ideologie, neoklassischer Ökonomie und postmodernen Vorstellungen, das peripheren Ländern über den „Washington Consensus" oktroyiert wurde. Diese Regierungen stehen auch für die Trendwende zu einer finanzmarktgetriebenen ökonomischen Entwicklung.

Zentrum und Peripherie waren auch in Europa bekannte Pole ungleicher Beziehungen, sowohl zwischen einzelnen Staaten als auch innerhalb von Staaten (z.B. in England, Italien, Spanien). Ebenso bekannt war der Umstand, dass die Süderweiterung der EG (neben Griechenland schließlich 1986 Portugal und Spanien) eine Integration von ungleichen Partnern sein würde. Zentrum-Peripherie-Beziehungen sind ein wichtiges Element der lateinamerikanischen Dependenztheorie, die „Entwicklung" und „Unterentwicklung" als zwei Seiten des Prozesses kapitalistischer Entwicklung betrachtet. Die wesentliche Phase der Theoriebildung der Dependenztheorie fiel in die Zeit des auslaufenden fordistischen Nachkriegsmodells bis in die frühen 1970er Jahre. Wir versuchen in unserem Beitrag an einige Aspekte des Zentrum-Peripherie-Paradigmas der Dependenztheorie anzuknüpfen und diese für die Analyse der nach dem Fordismus und dem Ende des Bretton-Woods-Systems (1971/73) einsetzenden Phase spätkapitalistischer Finanzialisierung im europäischen Kontext fruchtbar zu machen.

1. Abhängige Finanzialisierung

Eine wichtige Erkenntnis der DependenztheoretikerInnen besteht darin, dass sich die Akkumulationsmodelle in Zentrum und Peripherie grundsätzlich voneinander unterscheiden. Während in den Ländern des kapitalistischen Zentrums die Produktionsmittelindustrie und die Industrien der Massenkonsumgüter miteinander verbunden sind und auf dieser Basis der Binnenmarkt expandiert, ist diese „autozentrische Akkumulation" in der Peripherie blockiert. Aufgrund der Schwäche bzw. Abwesenheit eines Kapitalgütersektors in den peripheren Ökonomien entstehen technologische Abhängigkeiten, rasch wachsende Importe und eine sich verschlechternde Handelsbilanz in Aufschwungphasen (siehe Karin Fischer in diesem Heft). Eine relativ starke Außenorientierung (Extraversion) der Ökonomie, die ein strukturelles Element der Importabhängigkeit beinhaltet, gilt demnach als eine der zentralen Charakteristika von peripheren Ökonomien. Vorübergehend ist es möglich, Defizite in der Handels- und Leistungsbilanz mit Kapitalflüssen abzudecken. Diese Kapitalflüsse können die Form einerseits von Investitionen des produktiven Kapitals, andererseits des Geldkapitals annehmen und stellen zwei Varianten von Abhängigkeit der Peripherie vom Zentrum dar. Von den produktiven Investitionen der Konzerne aus dem Zentrum geht ein direkt konditionierender Einfluss auf die produktive Entwicklung der peripheren Ökonomien aus.

Aufgrund ihres Entstehungszeitraums in den 1960er und 1970er Jahren hat sich die Dependenztheorie vor allem mit den asymmetrischen Handelsbeziehungen und den Direktinvestitionen, hingegen deutlich weniger mit dem Geldkapitalexport in die Peripherie befasst. Genau dieser Mechanismus erhielt aber in der Folge zentrale Bedeutung für die „Entwicklung von Unterentwicklung". Mit der Krise der 1970er Jahre und den folgenden Finanzialisierungstendenzen der Zentrumsökonomien setzte eine neue Phase der Internationalisierung des Geldkapitals ein (Arrighi/Silver 2011). Arrighi (1994: 221ff) hat herausgearbeitet, dass Phasen der Finanzialisierung in den Zentrumsökonomien auf die Erschöpfung des jeweiligen Modells der produktiven Akkumulation zurückzuführen sind. Das Kapital sucht in einer solchen Situation nach neuen und flexiblen Formen der Kapitalanlage und findet diese in Finanzanlagen. Während sich in einer solchen Phase die relative Vormachtstellung des Zentrums reduziert (vgl. Weissenbacher 2012), gewinnt die Peripherie als Anlagesphäre an Attraktivität. Sie bietet den FinanzanlegerInnen unter anderem überdurchschnittlich hohe Zinssätze. Durch die starken Kapitalzuflüsse aus den Zentrumsökonomien werden die Finanzialisierungsprozesse in der Peripherie verstärkt.

Finanzialisierung kann grundsätzlich zwei Formen annehmen: Sie kann einerseits auf „fiktivem Kapital" (Marx 1979: 482ff, 510), also Wertpapieren (Aktien, Immobilienfonds etc.), andererseits auf zinstragendem Kapital, also Kredit, gründen (vgl. Becker et al. 2010). Bei fiktivem Kapital – und analog auch bei Immobilien, die als Finanzanlagen erworben werden – kommt es bei starkem Kapitalzustrom zu kräftigen Preissteigerungen (vgl. Tavares 1983: 234f). Diese können als Inflation von Finanzaktiva gekennzeichnet werden. Diese Inflation ermöglicht buchhalterische Gewinne. Die Finanzinstitutionen üben politischen Druck aus, damit die Preissteigerungen bei Finanzaktiva politisch gefördert werden (beispielsweise durch die Privatisierung der Alterssicherung oder die steuerliche Begünstigung von Finanzanlagen) und die Inflation bei anderen Preisen gering gehalten wird. Dadurch entsteht eine faktische Zweiteilung des Preissystems mit geringer Inflation bei normalen Waren und hohen Preissteigerungen bei Finanzaktiva. Außerdem steigen die Preise der Finanzaktiva schneller als die Gewinnmasse, wodurch ein zweites Ungleichgewicht entsteht. Werden diese Disproportionen von den FinanzanlegerInnen wahrgenommen, beginnt eine Umkehrung des Trends, meistens in sehr plötzlicher Form: Die Blase platzt. Sind die Finanzgeschäfte im großen Stil mit Krediten finanziert worden, gerät auch das Bankensystem in die Krise. Kommt es in den Zentrumsökonomien zur doppelten Krise von fiktivem Kapital und Banken, wird massiv Kapital aus der Peripherie abgezogen. Über diesen „Finanzkanal" wird auch sie von der Krise des Zentrums getroffen.

In der Peripherie ist die zweite Form der Finanzialisierung, das zinstragende Kapital, tendenziell relevanter (vgl. Becker et al. 2010). Sie läuft vor allem über eine Hochzinspolitik. In den peripheren Ländern sind die Zinsen in der Regel höher als im Zentrum, um Kapital im Land zu halten bzw. den Zufluss von Auslandskapital zu bewirken. Die Banken machen hierbei vor allem über die Differenz zwischen Kredit- und Depositenzinsen, den sogenannten Spread, Gewinne. Bei sehr hohem Zinsniveau ist oft der Staat der Hauptschuldner, da das extreme Zinsniveau die Kreditfinanzierung von Investitionen bzw. Konsumausgaben kaum zulässt. Das hohe Zinsniveau wirkt sich negativ auf die Finanzierung produktiver Investitionen aus. Eine solche Entwicklung kann in den Ländern der europäischen Peripherie seit einigen Jahren beobachtet werden. In der Praxis sind oft beide Formen nebeneinander bzw. miteinander verbunden zu finden.

2. Deindustrialisierung und neoliberale Integration in Europa

Industrialisierung und Binnenmarktentwicklung haben in der Dependenztheorie einen großen Stellenwert; sie werden als notwendig angesehen, damit die Peripherieländer ihrer ökonomischen Abhängigkeit entkommen können. Im europäischen Kontext wirkte sich nun neben der Finanzialisierung auch die europäische Integration bzw. die Mitgliedschaft in der Währungsunion negativ auf die industrielle Entwicklung aus. „Friedensunion" und „Marshall-Plan" waren Kinder des Kalten Krieges (Haller 2009: 92; Marsh 2011: 13). Diese ermöglichten sowohl eine umfassende Kontinuität gesellschaftlicher Macht von Eliten des faschistischen Deutschlands in die BRD (vgl. Schwartz 1990; Roth 1998, 1999a, 1999b, 2001) als auch eine massive Schuldentilgung für die junge BRD, unter anderem auf Kosten Griechenlands (Ritschl 2012). Der Umbruch der globalen Ökonomie und die Herausforderung der USA durch seine Verbündeten Japan und die BRD leiteten das Ende der Nachkriegskonjunktur des Fordismus und des Bretton-Woods-Systems ein.

Die USA konnten ihre hegemoniale Position allerdings behaupten, und zwar vor allem durch ihre zentrale Stellung in der globalen Geldordnung: Mit Hochzinspolitik finanzierten sie das gigantische Staatsdefizit, der „Volcker-Schock" trieb durch die schlagartige Erhöhung der Kreditzinsen die peripheren Länder in die „Schuldenkrise". „[D]ie neoliberale Globalisierungsoffensive seit den siebziger Jahren", fasst Joachim Hirsch (2001: 114) zusammen, müsse ganz wesentlich „als Versuch der USA gewertet werden […], die konkurrierenden europäischen und asiatischen – stärker staatskapitalistisch und staatsinterventionistisch geprägten – Fordismusmodelle auszuhebeln, das heißt das US-amerikanische Wirtschafts- und Gesellschaftsmodell wieder beherrschend zu machen". Diese Interpretation sollte aber nicht dazu führen, die innereuropäischen Auseinandersetzungen bzw. die Rolle der BRD zu unterschätzen. Die BRD schien nämlich nach dem

Zerbrechen des Währungssystems von Bretton Woods in Europa sukzessive Aspekte der politökonomischen Rolle zu übernehmen, die die USA global ausübte (vgl. Folgendes mit Marsh 2011).

Die Deutsche Mark (DM) war zur Ankerwährung in Europa geworden, die Politik der BRD-Regierungen Schmidt (SPD) und ab 1982 Kohl (CDU) zeigte sich meist kompromisslos gegenüber den schwächeren Mitgliedsländern, was auch Frankreich wiederholt in eine schwierige Lage brachte. Zentrale strukturelle Schwierigkeiten der heutigen Europäischen Währungsunion (EWU) wurden schon seit den 1970er Jahren deutlich. Anpassungsschritte in einem ökonomischen Gefüge der Ungleichgewichte wurden den schwächeren Volkswirtschaften aufgebürdet (und nicht auch den Überschussländern, wie es etwa der Bancor-Plan von John M. Keynes vorgesehen hatte). De facto wehrte sich die BRD gegen einen solidarischen Ausgleich zwischen den sehr divergenten Regionen Europas und forderte von den europäischen Partnerländern strikte Sparprogramme. Schon Anfang der 1970er Jahre wurde eine solche Politik als Problem für eine Währungsunion erkannt: „What we are talking about", meinte Derek Mitchell (1973, zit. nach Marsh 2011: 70), Spitzenbeamter für Internationales im englischen Finanzministerium in einem geheimen Bericht über Gespräche mit BRD-Regierungsvertretern in der Phase des endgültigen Zerbrechens des Bretton-Woods-Systems, „is pooling of reserves which in its complete form would take us at one move to full EMU. Full EMU would deprive member countries of many of the policy instruments needed to influence their economic performances and (particularly in the case of the exchange rate) to rectify imbalances between them [...] In an EMU, equilibrium could only then be restored by inflation in the ‚high performance' countries and unemployment and stagnation in the ‚low performance' countries, unless central provision is made for the imbalances to be offset by massive and speedy resource transfers".

In der Europäischen Gemeinschaft wurde der entscheidende Schritt in Richtung neoliberale Wirtschaftspolitik über eine Veränderung der monetären Regulierung gesetzt. Das Europäische Währungssystem fixierte ein System fixer Wechselkurse, das die DM als Ankerwährung hatte. Damit kam es in der EG zu einer monetären Hierarchisierung, an deren Spitze die BRD stand. Die Geldpolitik der Deutschen Bundesbank wurde maßgeblich für die anderen Mitgliedsstaaten der EU. Um Kapital anzuziehen und so das

Leistungsbilanzdefizit zu finanzieren, mussten die Defizitländer des EWS (vor allem Italien, später auch Spanien) relativ hohe Zinsen bieten (Busch 1991: 210f). Zudem standen sie unter dem Druck, eine relativ restriktive Wirtschaftspolitik zu verfolgen, um ein starkes Anwachsen der Leistungsbilanzdefizite zu vermeiden. Da Abwertungen zwar noch möglich waren, aber von der Grundkonzeption her vermieden werden sollten, wurde der Anpassungsdruck bei Handelsbilanzdefiziten auf die Löhne verlagert. Wie kritische lateinamerikanische TheoretikerInnen herausgearbeitet haben, verstärkt die Orientierung auf eine dominante Geldnorm die räumliche und soziale Differenzierung und schränkt wirtschaftspolitische Spielräume ein (vgl. Fiori 1999; Acosta 2001). Das EWS schränkte die Spielräume für nationalstaatliche progressive Spielräume empfindlich ein.

Der nächste Schritt bei der Realisierung eines neoliberalen Integrationsprojektes war die Verabschiedung des Binnenmarktprojektes mit freiem Waren-, Dienstleistungs- und Kapitalverkehr sowie freier Arbeitskräftemobilität im Jahr 1986. Dieses Projekt passte gut zu den auf äußere Expansion angelegten Strategien der westeuropäischen Einzelkapitale, speziell der partiellen Produktionsauslagerung in die als jüngste Mitglieder aufgenommenen „Niedriglohnländer". Kritische ÖkonomInnen in den peripheren Beitrittsländern thematisierten damals durchaus aus einer dependenztheoretisch geprägten Perspektive die untergeordnete Eingliederung in die europäische Arbeitsteilung und die damit verbundene Schwächung der Linkages, das heißt der Verbindungen zwischen den Branchen, innerhalb der peripheren Ökonomien (vgl. Romão 1983: 109ff).

Das Binnenmarktprojekt hatte aber auch Konsequenzen für die sozialen Kräfteverhältnisse in der nach Süden erweiterten EU. Die Kapitalverkehrsfreiheit erlaubt es der Kapitalseite, die jeweils günstigsten nationalstaatlichen Regulierungsformen auszuwählen. Sie setzte die nationalen Regulierungssysteme, speziell bei Steuern, Löhnen und sozialer Absicherung, einer Konkurrenz nach unten aus. Unterstützt wurde dieses „race to the bottom" dadurch, dass nationalstaatliche Normen verstärkt wechselseitig anerkannt wurden, anstatt gemeinsame EU-Normen zu schaffen. Mit dem Binnenmarktprojekt wurden zentrale Felder einer progressiven Wirtschaftspolitik (etwa eine eigenständige Geldpolitik), auf die das kritische Entwicklungsdenken Lateinamerikas den Akzent setzt, faktisch ausgeschaltet.

Die Vorstellung, dass fixe Wechselkurse, freie Kapitalmobilität und eine autonome Geldpolitik unvereinbar seien, habe viele europäische Länder Ende der 1980er Jahre veranlasst, argumentiert Marsh (2011: 15), „either voluntarily or with varying degrees of unwillingness", ihre monetäre Autonomie aufzugeben und der BRD zu überlassen. Die Bundesbank ließ sich ihre Skepsis gegenüber dem Projekt der einheitlichen Währung – das von Frankreich vorangetrieben wurde, um die ökonomische Stärke der BRD politisch zu bändigen – teuer abkaufen: Die Europäische Zentralbank wurde nach ihrem Vorbild strukturiert und reglementiert, was heute wesentlich zur Beschränkung der Handlungsfähigkeit für eine Krisenbewältigung und zur verbreiteten Skepsis ihr gegenüber beiträgt. Die „Unabhängigkeit" der EZB (von demokratischer Kontrolle) war heftig umstritten. Die schließlich im Maastricht-Vertrag von 1991 vereinbarten Regeln sahen vor, dass Nationalbanken öffentlichen Einrichtungen kein Geld für die Finanzierung von Defiziten zur Verfügung stellen durften und weder die EU noch ein anderes EMU-Mitglied für die Defizite anderer Mitglieder zur Verantwortung gezogen werden durfte (Marsh 2011: 128ff, 153f). Der EU-Kohäsionsfonds, der jenen Ländern, die von der Einführung der einheitlichen Währung Nachteile erleiden würden, einen finanziellen Ausgleich schaffen sollte, „fell a long way short of the thouroughing fiscal redistribution for weaker regions of individual coun-tries that is normally available within industrialised countries' national budgets" (Marsh 2011: 154). Die Frage von Leistungsbilanzdefiziten und -überschüssen spielte in den Verhandlungen, wie sich Cees Maas, damals hoher Beamter im niederländischen Finanzministerium erinnert, „keine Rolle" (Maas 2012: 123).

Die von der BRD durchgesetzten Vorstellungen der Geldpolitik passen in das Schema der als „neo-merkantilistisch" bezeichneten Politik (vgl. Bellofiore/Halevi 2010). Cesaratto und Stirati (2010: 69ff) präsentieren in ihrer Analyse eine seit 1945 vorherrschende Dynamik eines bundesdeutschen Neo-Merkantilismus, die sich folgendermaßen charakterisieren lasse: (1) Ausnutzen von fixen Wechselkursen, indem die Inflation niedriger gehalten wird als in den Konkurrenzländern und so ein Preisvorteil im Export entsteht; (2) Ausnutzung der inflationären Tendenzen in anderen Ländern (Nachfragestimulation) für die eigenen Exporte; (3) konservative Fiskal- und Geldpolitik, um Tendenzen der „Überhitzung" am eigenen

Arbeitsmarkt zu begegnen; (4) Reaktion auf internationale Kritik mit einem moralischen Unterton, indem auf mangelnde (fiskalische) Disziplin verwiesen, jedoch die eigene hervorgehoben wird.

Im Kontext der Währungsunion sicherte die deutsche Bundesregierung, speziell unter rot-grüner Ägide, den deutschen Neo-Merkantilismus mit einer Politik der Lohndeflation ab. Zur Reorganisation des deutschen Exportsektors gehörte auch die Auslagerung von Teilproduktionen nach Zentralosteuropa (Visegrád-Länder, Slowenien), das so in das exportorientierte deutsche Produktivsystem eingegliedert wurde. Die deutschen Leistungsbilanzüberschüsse stiegen nach Bildung der Euro-Zone an (Lehndorff 2012: 80f). Die entsprechenden Deviseneinnahmen wurden massiv im Ausland angelegt. Deutsche Banken engagierten sich erheblich in Finanzialisierungsprozessen im Ausland, sowohl in den USA als auch in der europäischen Peripherie (Becker/Weissenbacher 2012). Spiegelbildlich gingen die Leistungsbilanzdefizite sowohl Frankreichs als auch der südeuropäischen Mitgliedsländer der Euro-Zone in die Höhe. In den südeuropäischen Peripherieländern hatte die Industrialisierung verhältnismäßig spät eingesetzt. Mit dem Beitritt zur EU verloren sie einerseits die Möglichkeiten einer Protektionspolitik und andererseits auch nationalstaatliche Optionen der Industriepolitik. Der Wegfall der nationalstaatlichen industriepolitischen Instrumente wurde nicht durch entsprechende EU-Initiativen kompensiert. An solchen hatten die deutsche Exportindustrie und damit auch die deutsche Bundesregierung kein Interesse. Der Beitritt zur EU brachte damit für die südeuropäischen Länder eine partielle De-Industrialisierung mit sich (López/Rodríguez 2010: 161ff; Santos/Jacinto 2006; Stathakis 2010: 110), wie sie der lateinamerikanische Strukturalismus und die Dependenztheorie hatten erwarten lassen. In den südeuropäischen Ländern erfolgte eine Re-Orientierung auf Tourismus, Dienstleistungen und Bauwirtschaft im Kontext einer beginnenden abhängigen Finanzialisierung, die in Spanien von Anfang an die stärkste Ausprägung fand (López/Rodríguez 2010).

Mit dem Beitritt zur Euro-Zone verloren die südeuropäischen Länder die Möglichkeit zur Abwertung ihrer nationalen Währungen und damit den letzten Schutzmechanismus für die einheimischen produktiven Sektoren, wodurch der Druck auf die einheimischen Produktionssektoren weiter zunahm. Dieser wurde durch die restriktive deutsche Lohnpolitik und die zeitweilige markante Aufwertung des Euro noch verstärkt. Damit gerieten die produktiven Sektoren weiter ins Hintertreffen. Die Leistungsbilanzdefizite stiegen rasant an und wurden primär durch Auslandsverschuldung finanziert (Becker 2012: 469). Die Mitgliedschaft in der Euro-Zone ermöglichte in diesen Jahren wegen der vermeintlichen Sicherheit einen weit höheren Kreditrahmen.

Überschüssige Liquidität aus den europäischen Kernländern, v.a. Deutschland und Frankreich, alimentierte in den südeuropäischen Ländern Prozesse einer abhängigen Finanzialisierung (Lapavitsas et al. 2012). In deren Mittelpunkt stand teils ein kreditfinanzierter Immobilienboom (Spanien), teils kreditfinanzierter Konsum (Griechenland), wobei das nach dem Beitritt zur Euro-Zone stark fallende Zinsniveau der Verschuldung der privaten Haushalte zusätzlichen Schwung verlieh. Die hohen Kreditzuflüsse stimulierten in Spanien und Griechenland das Wachstum. Beim BIP gab es eine Pseudo-Konvergenz mit den Kernländern, während sich die produktiven Strukturen in der Euro-Zone immer weiter auseinander entwickelten.

Eine vergleichbare Entwicklung ist in der osteuropäischen Peripherie feststellbar. Während des Beitrittsprozesses in die EU wurden osteuropäische Regionen in die Produktionsnetze westeuropäischer Konzerne einbezogen. Ähnlich wie in den teildollarisierten Ökonomien Argentiniens und Uruguays in den 1990er Jahren führte der überbewertete Wechselkurs vielfach zu partieller De-Industrialisierung, hohen Leistungsbilanzdefiziten und hoher Auslandsverschuldung (vgl. Myant/Drahokoupil 2011: 301ff, 315ff; Frangakis 2009; Becker 2007).

3. Zentrum und Peripherie in der Krise

In der Krise ab 2008 traten die zeitweilig kaschierten divergenten Entwicklungsmuster offen zutage. Die mit den US-Finanzmärkten besonders eng verbundenen Ökonomien Nordwesteuropas – Großbritannien, Irland, die Benelux-Länder sowie, in etwas geringerem Maße, Deutschland und Frankreich – wurden durch die US-Finanzkrise angesteckt. Speziell in den angelsächsischen Ländern, aber auch in den Benelux-Ländern schlug die Stabilisierung des Finanzsektors besonders zu Buche. Kreditrestriktionen wirkten sich rasch auf Produktion und Konsum aus. Stark exportorientierte Ökonomien wie Deutschland erlitten Ende 2008/Anfang 2009 schwere Exporteinbrüche (vgl. Becker 2010). Diese schlugen auch auf jene osteuropäischen Länder (vor allem Tschechische Republik, Slowakei, Slowenien, Ungarn) durch, die eng mit der deutschen Exportindustrie verbunden sind (Becker 2011). In den exportorientierten Ländern kam es allerdings recht schnell zu einer vorübergehenden Wirtschaftserholung. Die deutsche Exportindustrie hat Absatzrückgänge in der europäischen Peripherie durch verstärkte Exporte in außereuropäische Länder wie China und Brasilien kompensiert (Becker/Weissenbacher 2012). Die EU-Peripherie wurde vor allem durch die restriktivere Kreditvergabe betroffen. Das galt Ende 2008/Anfang 2009 speziell für osteuropäische Länder mit hohen Leistungsbilanzdefiziten und einem hohen Anteil an Fremdwährungskrediten. Eine auf Erhalt der Wechselkurse und einen raschen Abbau der Leistungsbilanz zielende Sparpolitik, die von einer sehr restriktiven Budgetpolitik und Lohnkürzungen gekennzeichnet war, verstärkte die Rezession noch.

Für die südeuropäischen Länder der Euro-Zone, speziell Griechenland, bot die Mitgliedschaft in der Währungsunion vorübergehend einen gewissen Schutz. Erst als die internationalen Banken und Finanzakteure die strukturellen Verwundbarkeiten dieser Länder wahrnahmen und daraufhin die Kredite verknappten und verteuerten, begann ab Anfang 2010 für die Peripherie der Euro-Zone eine verschärfte Krisenphase. Die Anti-Krisen-Politik entsprach denselben Mustern wie in Osteuropa und wirkte auch in Südeuropa rezessiv, mit starkem Anstieg der Arbeitslosigkeit, abnehmenden Leistungsbilanzdefiziten und verschärften Verschuldungskrisen. Von ihrer Anlage her bewirkt die Krisenpolitik eine Rezession, die die Binnennachfrage und damit die Importe senkt, gleichzeitig aber die Verschuldungsquoten – die öffentliche und die private Verschuldung/BIP – weiter verschlechtert. Die Entwicklungsmuster in Zentrum und Peripherie sind in der Krise noch divergenter geworden.

Die politischen Maßnahmen zur Bearbeitung der Krise zielten auf eine Erhaltung der Vorkrisenstrukturen ab. Es ging vor allem um die Stabilisierung des Banken- und Finanzsektors. Dies schlug sich in hohen Finanzspritzen und Garantieübernahmen für den Finanzsektor nieder, vor allem in den angelsächsischen, aber auch den Benelux-Ländern (Becker 2010: 17). Die damit verbundenen Auflagen waren im Regelfall gering (Weber/Schmitz 2010). Die Stützung der Banken und Sozialisierung von Bankverlusten führte zum Teil zu einem sprunghaften Anstieg der Staatsverschul-

Abhängige Finanzialisierung und ungleiche Entwicklung

dung. Aber auch die Sparpolitik in den Peripherieländern ist primär auf die Interessen des Finanzsektors zugeschnitten. Sie zielt auf eine Stabilisierung der Wechselkurse in Osteuropa bzw. auf eine Bewahrung der Mitgliedschaft in der Euro-Zone (zumindest solange hohe Außenstände gegenüber westeuropäischen Banken bestehen). Abwertungen würden die Finanzanlagen der westeuropäischen Konzerne in der Peripherie abwerten.

Außerdem wäre im Fall einer Abwertung ein faktischer Schuldenschnitt für die Peripherieländer unvermeidlich, da deren Euro-Schulden ja entsprechend aufgewertet würden. Einen solchen Schritt wollen die Gläubigerbanken in Westeuropa zumindest solange hinauszögern, bis sie ihr Engagement in den Krisenländern substanziell vermindert haben. Extern sind auch die Exportindustrien in den neo-merkantilistischen Ländern an der Bewahrung der Euro-Zone interessiert, da diese ihre Exportinteressen strukturell begünstigt. Die Orientierung auf die Stabilisierung des Wechselkurses bzw. auf die Beibehaltung der Mitgliedschaft in der Euro-Zone wird von großen Sektoren der verschuldeten Mittelschicht in der europäischen Peripherie mitgetragen. Es gibt also ein heterogenes Bündnis externer und interner Akteure, das die Sparpolitik in den Peripherieländern trägt. Speziell in Südeuropa erodiert allerdings die Akzeptanz der Mittelschichten. Gewisse Parallelen zur sozialen Basis der abhängigen Finanzialisierung und der neoliberalen Sparpolitik in Argentinien Ende der 1990er Jahre sind unverkennbar (zu Argentinien vgl. Castellani/Schorr 2004: 69ff).

Schrittmacher für die Durchsetzung einer auf Wechselkursstabilisierung angelegten Sparpolitik sind die Regierungen in den Kernländern der EU, speziell in Deutschland, die Europäische Kommission und der IWF. Hierbei hat sich die Europäische Kommission noch dogmatischer gezeigt als der IWF (Wehr 2010: 45, 105). Dies gilt beispielsweise in der Frage der Priorität für die Wechselkursstabilisierung in Lettland, die den dort stark engagierten schwedischen Banken besonders am Herzen lag. Im Fall der Kredit- und Sparprogramme in der Euro-Zone war allerdings die Einbeziehung des IWF zunächst umstritten (Visser 2012: 30, 36ff, 62ff; Marsh 2011: 248). Über den IWF erfolgt faktisch eine enge Verklammerung mit den US-Interessen bei der Formulierung der EU-Anti-Krisen-Politik. Sie zeigt die engen Grenzen der Autonomie des Euro-Projektes auf.

Die Institutionalisierung der Sparpolitik sowie des Abbaus der Sozialstaatlichkeit und von ArbeitnehmerInnenrechten, wie sie in den individuellen Programmen in den EU-Peripherieländern vorangetrieben wird, wird durch die liberal-konservativen Regierungen und die Europäische Kommission, aber auch auf der Ebene der gesamten EU, speziell der Euro-Zone, durch die Verschärfung einer regelgebundenen Wirtschaftspolitik (Verschärfung des Stabilitäts- und Wachstumspaktes, Europäisches Semester etc.) forciert (Klatzer/Schlager 2011). Die Maßnahmen laufen auf die Institutionalisierung einer autoritär neoliberalen Wirtschaftspolitik auf EU-Ebene hinaus (Heinrich 2012: 401), die nicht nur „hayekianisch" (Anderson 2012: 56) ist, sondern auch in der Tradition des deutschen Ordo-Liberalismus steht, wie Oberndorfer (2012) herausgearbeitet hat. Diese Politikmuster entsprechen der Interessenlage speziell des deutschen Banken- und Finanzkapitals sowie den exportorientierten Kapitalfraktionen, die bislang durch die Krise gestärkt wurden (Becker/Jäger 2012; Overbeek 2012: 235).

Eine solche Politik produziert Brüche. Institutionell wird die regelgebundene Wirtschafts-Governance vor allem im Hinblick auf die Euro-Zone ausgebaut. Die Länder außerhalb der Euro-Zone, speziell Großbritannien, sehen sich politisch zunehmend marginalisiert. Zudem werden die Lasten der Krise stark auf die Lohnabhängigen, PensionistInnen, aber auch Teile des Kleingewerbes in der Peripherie abgewälzt, was dort zu einer Verschärfung der sozialen Gegensätze beitrug. Massenproteste konnten die sogenannten „Sparmaßnahmen" und Lohnkürzungen, bis auf wenige Fälle, allerdings nicht verhindern. Das etablierte Parteiensystem ist jedoch zum Teil unter massivem Druck. In mehreren Ländern wurde die Etablierung von Technokratenregimen, angeführt von führenden Repräsentanten des Finanzsektors (Beispiele Papademos und Monti), von den EU-Kernländern als Reaktion auf die politischen Krisen betrieben. Die von südamerikanischen Sozialwissenschaftlern wie O'Donnell (1996) im lateinamerikanischen Kontext herausgearbeiteten repressiven und autoritären Reaktionsmuster kommen in veränderten Varianten in der EU, zuerst vor allem in der Peripherie, auf die Tagesordnung.

4. Progressive Auswege aus abhängiger Unterentwicklung

Die Fortsetzung eines radikalisierten neoliberalen Integrationsprojektes erscheint ein durchaus realistisches Szenario. Ein solches Projekt wäre von einem weiteren Ausbau von autoritären Elementen der regelgebundenen Wirtschaftspolitik begleitet. Es würde die langfristige Rezession bzw. bestenfalls Stagnation der Peripherieländer nach sich ziehen – vergleichbar der „verlorenen Dekade" der 1980er Jahre in Lateinamerika. Der wiederholte Versuch, finanzialisierte Akkumulation in verschiedenen Staaten des Cono Sur zu etablieren bzw. wiederherzustellen, resultierte über drei Jahrzehnte in extremer makroökonomischer Instabilität und sozialer Ungleichheit (Saludjian 2004: 118ff).

Ein sozialdemokratisch euro-keynesianisches Projekt, das eine expansivere Politik in den Zentren verfolgen und eine aktive, durch Transfers gespeiste Re-Industrialisierungspolitik in der Peripherie initiieren würde, hätte ein größeres Kohäsionspotenzial. Allerdings ist in den letzten Jahren systematisch ein Politikmuster institutionalisiert worden, das eine solche Politik weitgehend unmöglich macht. Überdies zeigt sich sehr deutlich, dass die sozialen Mobilisierungen in der EU sehr ungleichmäßig sind (Becker 2012) und eine europaweite Solidarität der Lohnabhängigen bestenfalls in Ansätzen vorhanden ist. Hingegen sind nationalistische Diskurse im Zentrum wie in der Peripherie in der Krise deutlich stärker geworden. Die Schwäche der gesamteuropäischen Mobilisierung räumt auch Pätomäki (2013: 123ff) ein, der für eine euro-keynesianische Lösung plädiert. Er hofft darauf, dass die Legitimitätskrise der bisherigen Politik einem euro-keynesianischen Kurswechsel den Boden bereitet. Dies ist eine mehr als vage Hoffnung. Real haben die politischen Spitzen der EU und ihrer Mitgliedsländer bislang auf den Legitimitätsverlust mit der Stärkung autoritärer Politikinstrumente reagiert.

Progressive Auswege aus abhängiger Unterentwicklung sind für DependenztheoretikerInnen nur über eine Stärkung der politischen und wirtschaftlichen Eigenständigkeit der bisherigen Peripherie denkbar. Wie diese Stärkung aussehen sollte, darin gehen allerdings die Positionen der verschiedenen Strömungen auseinander. Die frühen strukturalistischen Arbeiten („Desarrollismo") setzten den Akzent vor allem auf eine Minderung der Importabhängigkeit (vgl. Prebisch 1998). Dementsprechend sollte eine gezielte Schutzzoll-Politik Spielräume für eine binnenorientierte Industrialisierung schaffen. Allerdings befürworteten sie auch eine Diversifizierung der Exporte (vgl. Sunkel 1998: 318). Der Ansatz der DependenztheoretikerInnen war umfassender. Sie argumentierten für einen umfassenden Bruch mit den

Abhängigkeitsbeziehungen und eine eher autozentrierte Entwicklung, die für viele von ihnen einen sozialistischen Charakter haben sollte. Hierbei solle, so Amin (1977: 85ff), die Produktion vor allem an den materiellen und kulturellen Grundbedürfnissen der armen Bevölkerungsmehrheit ansetzen.

Entwicklung wurde generell als industrielle Entwicklung gedacht. Ansatzpunkte für eine autozentrierte Entwicklung wurden sowohl auf nationalstaatlicher Ebene als auch in Formen regionaler Kooperation, einer *collective self-reliance*, gesehen. Der Grundgedanke der kollektiven Self-Reliance findet sich auch in neueren ökologisch geprägten Ansätzen lateinamerikanischer SozialwissenschaftlerInnen wieder (vgl. Gudynas 2002). Industrielle Entwicklung wird aus dieser Perspektive jedoch durch ökologische Imperative begrenzt. An den progressiv-reformistischen Ansätzen des Strukturalismus der Nachkriegszeit setzt der „neue Desarrollismo" (Novo-Desenvolvimentismo) an, der vor allem in Brasilien verbreitet ist. Entsprechend der Veränderung der Entwicklungsmodelle geht es ihm nicht um die Schaffung von Zollschutz, sondern um die politische Kontrolle von grenzüberschreitendem Kapitalverkehr. Unregulierter internationaler Kapitalverkehr wird als destabilisierend eingeschätzt. Kapitalverkehrskontrollen sollen eine den Export begünstigende Wechselkurspolitik, eine antizyklische Wirtschaftspolitik sowie eine Politik relativ moderater Zinsen ermöglichen (Sicsú et al. 2005: XLIff). Hohes Wachstum halten die Novo-Desenvolvimentistas für eine notwendige, aber nicht hinreichende Bedingung beim Abbau sozialer Ungleichheit.

Progressive Lösungen auf der Suche nach „einem sicheren und glücklichen Leben für alle" (UNEP/UNCTAD 1974) können sich aber nicht auf quantitatives industrielles Wachstum beschränken, sondern müssen die Frage nach dem Wachstum an sich stellen, wie dies etwa in der Postwachstumsökonomie deutlich wird (vgl. Jackson 2009; Paech 2010; Keen 2011). Hier werden soziale und ökologische Fragen verknüpft, wie dies schon in der Cocoyoc Declaration (UNEP/UNCTAD 1974) einer UN-Konferenz unmissverständlich klar gemacht worden war. Die Jahrzehnte, die folgten, haben diese Aspekte nicht nur unterdrückt, sondern die Situation durch Finanzialisierung und neoliberale Revolution (im europäischen Kontext: Integration) radikalisiert. Die krisenbedingte Zuspitzung der abhängigen Finanzialisierung hat für die gesamte europäische Peripherie deutlich gemacht, was Michael Ehrke (2009: 187) für den Raum des ehemaligen Jugoslawiens konstatierte: „[T]he illusion of a post-industrial economy emancipated from the production of trivial industrial goods can show a certain degree of credibility only in the United States." Aus Jugoslawien kam auch ein Debattenbeitrag zur dependenztheoretisch geprägten Diskussion über eine kollektive Self-Reliance. Self-Reliance bedeutete hier, Kooperationen zwischen peripheren Regionen zu schaffen, die den Weg zu einer Neuen Internationalen Wirtschaftsordnung ebnen sollten (Pierzyńska 2012; Fischer in diesem Heft).

Im europäischen Kontext steht den Bevölkerungen der peripheren Länder ein steiniger Weg bevor. Südeuropäische dependenztheoretisch geprägte Ökonomen (vgl. Romão 1983: 206) hatten schon vor drei Jahrzehnten für die Schaffung stärker autonomer Akkumulationsprozesse in den peripheren EU-Staaten plädiert. Einer solchen Politik stehen aber beträchtliche Hürden im Weg. Einerseits hat die kreditfinanzierte Pseudokonvergenz in Teilen der Bevölkerung an der europäischen Peripherie die Illusion einer Zugehörigkeit zum Club der Reichen genährt. Diskussionen um die Reformierbarkeit der neoliberalen EU, verbunden mit einem Nachdenken über Szenarien eines Austritts aus EWU/EU (und einer Solidarität zwischen den peripheren Regionen), stehen erst am Anfang. Andererseits ist durch Deindustrialisierung, das institutionelle Gefüge der EU und die Mitgliedschaft in der Euro-Zone diese Option heute ungleich schwerer durchzusetzen.

Kollektive Self-Reliance und eine autozentrische Entwicklung beruhen auf der Fähigkeit, die materiellen Grundbedürfnisse der Gesellschaft aus eigener Kraft zu befriedigen. Das setzt eine industrielle Basis voraus, die – besonders in Griechenland, aber auch in Spanien und Portugal – in der Phase der De-Industrialisierung massiv geschwächt wurde. Kollektive Self-Reliance braucht zudem Solidarität unter den peripheren Regionen. Nur über Kooperation sind die Abkoppelung vom Zentrum und eine Minderung der Abhängigkeit auf Dauer konsolidierbar. Einer solchen Süd-Süd-Kooperation stehen jedoch zum einen innerhalb der peripheren Länder gesellschaftliche Klassen entgegen, die ihre Interessen, wie Andre Gunder Franks „Lumpenbourgeoisie" (Frank 1979), eher durch die Politik der gesellschaftlichen Eliten des Zentrums vertreten sehen.

Zum anderen existieren nicht nur innerhalb, sondern auch zwischen den peripheren Ländern unterschiedliche Interessenlagen. Eine Veränderung dieser Verhältnisse erforderte einen politischen Kampf und auch das Ausloten von radikaleren Szenarien. Ein Euroaustritt, wie er etwa für Griechenland diskutiert wird, stellt aus einer solchen Perspektive eine mögliche, ja vielleicht notwendige Option dar (vgl. Lapavitsas et al. 2012). Das Ziel eines Austritts aus der Euro-Zone und einer Währungsabwertung unter progressiven Vorzeichen wäre nicht primär eine Exportsteigerung, sondern eine Stärkung der binnenorientierten produktiven Sektoren. Es ginge also vorrangig um den Wechselkurs als Schutzmechanismus bei einer Neuausrichtung der produktiven Strukturen und einer selektiven Industriepolitik (vgl. Becker 2012: 475). Damit müsste ein Austritt aus der Euro-Zone Teil eines umfassenden wirtschaftspolitischen Pakets sein, das von Kapitalverkehrskontrollen über die Schaffung eines öffentlichen Bankensektors, der bei der Finanzierung produktiver Investitionen eine wichtige Rolle spielen müsste, bis hin zu gezielten industriepolitischen Maßnahmen reichen müsste.

Der Bruch Argentiniens mit dem Konvertibilitätsmodell der 1990er Jahre und seine folgende Abwertung ist bei der Frage eines potenziellen Austritts südeuropäischer Peripherieländer aus der Euro-Zone verschiedentlich als Referenz herangezogen worden (vgl. Kouvelakis 2011: 32). Nach der Überwindung starker Turbulenzen im Finanzsystem, die das Abgehen vom Dollar-Anker begleiteten, war die Wiederbelebung der binnenmarktorientierten Industrieproduktion, die durch weitere Maßnahmen flankiert wurde, eine der zentralen Wirkungen der Währungsabwertung (vgl. Musacchio/ Becker 2007: 129ff). Wie Musacchio (2012: 451f) aufzeigt, wären aufgrund der schwachen griechischen Industriestruktur die Impulse für die Industrie in Griechenland deutlich schwächer als in Argentinien. Auch wäre ein Bruch mit dem Euro in Südeuropa aufgrund der institutionellen Restriktionen und der engen ökonomischen Anbindung an die anderen EU-Staaten noch weitaus komplizierter als der damalige argentinische Bruch mit dem Dollar-Standard. Entwicklungsstrategische Alternativoptionen sind also mit enormen wirtschaftlichen und politischen Hindernissen konfrontiert. Die Durchsetzung einer alternativen Politik erscheint in einer inneren Peripherie – hier der EU – politisch noch schwieriger als in einer äußeren Peripherie wie jener Lateinamerikas.

Literatur

Acosta, Alberto (2001): El falso dilema de la dolarización. In: Nueva Sociedad 172, 66-84.

Amin, Samir (1977): Zur Theorie von Akkumulation und Entwicklung in der gegenwärtigen Weltgesellschaft. In: Senghaas, Dieter (Hg.): Peripherer Kapitalismus. Analysen über Abhängigkeit und Unterentwicklung. Frankfurt am Main: Suhrkamp, 71-97.

Anderson, Perry (2012): After the Event. In: New Left Review 73, 49-61.

Arrighi, Giovanni (1994): The Long Twentieth Century. Money, Power, and the Origins of Our Times. London/New York: Verso.

Arrighi, Giovanni/Silver, Beverly (2011): Das Ende des langen 20. Jahrhunderts. In: Demirović, Alex/Dück, Julia/Becker, Florian/Bader, Pauline (Hg.): Vielfach-Krise. Im finanzmarktdominierten Kapitalismus. Hamburg: VSA, 211-228.

Becker, Joachim (2007): Dollarization in Latin America and Euroization in Eastern Europe: Parallels and Differences. In: Becker, Joachim/Weissenbacher, Rudy (Hg.): Dollarization, Euroization and Financial Instability. Central and Eastern European Countries between Stagnation and Financial Crisis? Marburg: Metropolis, 223-278.

Becker, Joachim (2010): EU in der Krise: Bruchlinien zwischen Zentrum und Peripherie. In: Kurswechsel 1/2010, 6-23.

Becker, Joachim (2011): Wachstumsmodelle und Krisenmuster in Osteuropa. In: WSI-Mitteilungen 64 (6), 270-277.

Becker, Joachim (2012): Blindstellen: ungleiche Entwicklung und ungleiche Mobilisierung in der EU. In: Prokla 42 (3), 467-476.

Becker, Joachim/Jäger, Johannes (2012): Integration in Crisis: A Regulationist Perspective on the Interaction of European Varieties of Capitalism. In: Competition and Change 16 (3), 169-187.

Becker, Joachim/Jäger, Johannes/Leubolt, Bernhard/Weissenbacher, Rudy (2010): Peripheral Financialization and Vulnerability to Crisis: A Regulationist Perspective. In: Competition and Change 14 (3-4), 225-247.

Becker, Joachim/Weissenbacher, Rudy (2012): Berlin Consensus and Disintegration: Monetary Regime and Uneven Development in the EU. 18th Conference on Alternative Economic Policy, Poznań, 28.–30.9.2012. http://www.euromemo.eu/annual_workshops/2012_poznan.html, 21.8.2012.

Bellofiore, Riccardo/Halevi, Joseph (2010): „Could Be Raining". The European Crisis After the Great Recession. In: International Journal of Political Economy 39 (4), 5-30.

Busch, Klaus (1991): Umbruch in Europa. Die ökonomischen, ökologischen und sozialen Perspektiven des einheitlichen Binnenmarktes. Köln: Bund.

Castellani, Ana/Schorr, Martin (2004): Argentina: convertibilidad, crisis de acumulación y disputas en el interior del bloque de poder económico. In: Cuadernos del Cendes 21 (57), 55-81.

Cesarotto, Sergio/Stirati, Antonella (2010): Germany and the European and Global Crises. In: International Journal of Political Economy 39 (4), 56-86.
Ehrke, Michael (2009): The Global Crisis at the European Periphery. In: Petritsch, Wolfgang, Svilanović, Goran/Solioz, Christophe (Hg.): Serbia Matters: Domestic Reforms and European Integration. Baden-Baden: Nomos, 187-192.
Fiori, José Luís (1999): Estados, moedas e desenvolvimento. In: Fiori, José Luís (Hg.): Estados, moedas e desenvolvimento das nações. Petrópolis: Vozes, 49-85.
Frangakis, Marica (2009): Europe's financial systems under pressure. In: Grahl, John (Hg.): Global Finance and Social Europe. Cheltenham: Edward Elgar, 53-90.
Frank, Andre Gunder (1979): Lumpenburguesía: lumpendesarrollo. Dependencia, clase y política en Latinoamérica. Barcelona: Laia.
Gudynas, Eduardo (2002): El concepto de Regionalismo Autónomo y el desarrollo sustentable en el Cono Sur. In: Gudynas, Eduardo (Hg.): Sustenabilidad y regionalismo en el Cono Sur. Montevideo: Coscoroba, 177-211.
Haller, Max (2009): Die Europäische Union als Elitenprozess. Das Ende eines Traums? Wiesbaden: VS/GWV.
Heinrich, Mathis (2012): Zwischen Bankenrettung und autoritärem Wettbewerbsregime. Zur Dynamik des europäischen Krisenmanagements. In: Prokla 42 (3), 395-412.
Hirsch, Joachim (2001): Die Internationalisierung des Staates. Anmerkungen zu einigen aktuellen Fragen der Staatstheorie. In: Hirsch, Joachim/Jessop, Bob/ Poulantzas, Nicos (2001): Die Zukunft des Staates. Hamburg: VSA, 101-138.
Jackson, Tim (2009): Prosperity without Growth: Economics for a Finite Planet. London: Earthscan
Keen, Steve (2011): Debunking economics: the naked emperor dethroned? London: Zed books.
Klatzer, Elisabeth/Schlager, Christa (2011): Europäische Wirtschaftsregierung – eine stille neoliberale Revolution. In: Kurswechsel 1/2011, 61-81.
Kouvelakis, Stathis (2011): The Greek Cauldron. In: New Left Review 72, 17-33.
Lapavitsas, Costas et al. (2012): Crisis in the Euro Zone. London: Verso.
Lehndorff, Steffen (2012): German capitalism and the European crisis: part of the solution or part of the problem. In: Lehndorff, Steffen (Hg.): A triumph of failed ideas. European models of capitalism in the crisis. Brüssel: ETUI, 79-102.
López, Isidro/Rodríguez, Emmanuel (2010): Fin de ciclo. Financiarización, território y sociedad propietarios en la onda larga del capitalismo hispano (1959–2010). Madrid: Traficantes de sueños.
Maas, Cees (2012): Er is geen eurocrisis, er is een crisis van de eurolanden. In: Janssen, Roel: De euro. Twintig jaar na het Verdrag van Maastricht. Amsterdam: De Bezige Bij, 105-135.
Marsh, David (2011): The Euro. The Battle for the New Global Currency. New Edition. New Haven/London: Yale University Press.
Marx, Karl (1979): Das Kapital. Kritik der politischen Ökonomie, Bd.3. MEW 25. Berlin: Dietz.

Musacchio, Andrés (2012): Umstrukturierung der Verschuldung und Wachstumsbedingungen: Griechenland und Argentinien im Vergleich. In: Prokla 42 (3), 433-453.

Musacchio, Andrés/Becker, Joachim (2007): La crisis argentina: ¿Solo un problema cambiario? In: Becker, Joachim (Hg.): El golpe del capital. Las crisis financieras en el Cono Sur y sus salidas. Montevideo: Coscoroba, 109-135.

Myant, Martin/Drahokoupil, Jan (2011): Transition Economies: Political Economy in Russia, Eastern Europe, and Central Asia. Hoboken: John Wiley & Sons.

O'Donnell, Guillermo (1996): El estado burocrático autoritario. Triunfos, derrotas y crisis. 2. Aufl. Buenos Aires: Editorial de Belgrano.

Oberndorfer, Lukas (2012): Die Renaissance des autoritären Liberalismus? Carl Schmitt und der deutsche Neoliberalismus vor dem Hintergrund des Eintritts der „Massen" in die europäische Politik. In: Prokla 42 (3), 413-431.

Overbeek, Henk (2012): Global capitalist crisis and the future of the European Project. In: Nousios, Petros/Overbeek, Henk/Tsolakis, Andreas (Hg.): Globalisation and European Integration. Critical Approaches To Regional Orders and International Relations, London: Routledge, 218-240.

Paech, Niko (2010): Die Legende vom nachhaltigen Wachstum. Ein Plädoyer für den Verzicht. In: Le Monde diplomatique, 30.9.2010, 12-13.

Pätomäki, Heikki (2013): The Great Eurozone Disaster. From Crisis to Global New Deal. London: Zed.

Pierzyńska, Justyna (2012): Collective self-reliance: A portrait of a Yugoslav development strategy. In: Miscellanea Geographica – Regional Studies on Development 16 (2), 30-35.

Prebisch, Raúl (1998): El desarrollo económico de la América Latina y algunos de sus principales problemas: In: Cepal: Cicnuenta años de pensamiento en la Cepal. Vol. I: Santiago de Chile: Cepal, 63-129.

Ritschl, Albrecht (2012): Germany, Greece and the Marshall Plan. In: The Economist, 18.12.2012. http://www.economist.com/blogs/freeexchange/2012/06/economic-history, 18.12.2012.

Romão, António (1983): Portugal face à C.E.E. Lissabon: Livros Horizonte.

Roth, Karl Heinz (1998): Das Ende eines Mythos. Ludwig Erhard und der Übergang der deutschen Wirtschaft von der Annexions- zur Nachkriegsplanung (1939 bis 1945). Teil II: 1943 bis 1945. In: 1999, Zeitschrift für Sozialgeschichte des 20. und 21. Jahrhunderts 13 (1), 92-123.

Roth, Karl Heinz (1999a): Das Ende eines Mythos. Ludwig Erhard und der Übergang der deutschen Wirtschaft von der Annexions- zur Nachkriegsplanung (1939 bis 1945). Teil II: 1943 bis 1945. Fortsetzung und Schluß. In: 1999, Zeitschrift für Sozialgeschichte des 20. und 21. Jahrhunderts 14 (1), 73-91.

Roth, Karl Heinz (1999b): Replik. In: 1999, Zeitschrift für Sozialgeschichte des 20. und 21. Jahrhunderts 14 (1), 207-208.

Roth, Karl Heinz (2001): Klienten des Leviathan: Die Mont Pèlerin Society und das Bundeswirtschaftsministerium in den fünfziger Jahren. In: 1999, Zeitschrift für Sozialgeschichte des 20. und 21. Jahrhunderts 16 (2), 13-41.

Saludjian, Alexis (2004): Hacia otra integración sudamericana. Críticas als Mercosur neoliberal. Buenos Aires: Libros del Zorzal.
Santos, Vitor/Jacinto, Ana (2006): A industria portuguesa: Desindustrialização – progresso ou declinio? In: Romão, António (Hg.): A economia portuguesa 20 anos após a adesão. Coimbra: Edições Almedina, 184-213.
Schwartz, Thomas Alan (1990): Die Begnadigung deutscher Kriegsverbrecher. John J. McCloy und die Häftlinge von Landsberg. In: Vierteljahrshefte für Zeitgeschichte 38 (3), 375-414.
Sicsú, João/Paula, Luiz Fernando de/Michel, Renaut (2005): Introdução. Por que novo-desenvolvimentismo? In: Sicsú, João/Paua, Luiz Fernado de/Michel, Renaut (Hg.): Novo-desenvolvimentismo. Um projeto nacional de crescimento com eqüidade social. Barueri: Manolo & Fundação Konrad Adenauer, XXXIII-LI.
Stathakis, George (2010): The fiscal crisis of the Greek economy. In: Kurswechsel 3/2010, 109-116.
Sunkel, Osvaldo (1998): La inflación chilena: un enfoque heterodoxo. In: Cepal (Hg.): Cincuenta años de pensamiento en la Cepal. Textos seleccionados. Vol. 1. Santiago de Chile: Cepal, 287-323.
Tavares, Maria da Conceição (1983): Da substitução de importações ao capitalismo financeiro. Ensaios sobre economica brasileira. Rio de Janeiro: Zahar.
UNEP/UNCTAD (1974): The Cocoyoc Declaration. Adopted by the participants in the UNEP/UNCTAD Symposium on „Patterns of Resource Use, Environment and Development Strategies". 8.-12. Oktober 1974, Cocoyoc, Mexico. http://www.transcend-nordic.org/doc/08 Cocoyoc Declaration/The Cocoyoc Declaration-English.pdf, 11.8.2013.
Visser, Martin (2012): De eurocrisis. Onthullend verslag van politiek falen. Amsterdam: Het Financieele Dagblad/Business Contact.
Weber, Beat/Schmitz,Stefan (2010): Wer bietet mehr? Bestimmungsfaktoren der EU-Bankenhilfspakete in der Finanzkrise 2008/09. In: Kurswechsel 1/2010, 87-100
Wehr, Andreas (2010): Griechenland, die Krise und der Euro. Köln: PapyRossa.
Weissenbacher, Rudy (2012): „Wir wissen, dass wir das Spiel jetzt nach Euren Regeln spielen müssen ..." Betrachtungen zu Hegemonie und ungleicher Entwicklung. In: Z. Zeitschrift Marxistische Erneuerung 23 (89), 60-79.

Abstracts

Der Artikel diskutiert Entwicklungsmodelle im Zentrum und der Peripherie der EU sowie deren Krise im Lichte kritischer lateinamerikanischer Entwicklungstheorien. Er arbeitet heraus, wie die Integrationspolitik der

EU, speziell die monetäre Integration, eine Divergenz der Entwicklungsmuster befördert und in großen Teilen der Peripherie zur Etablierung von Entwicklungsmodellen beigetragen hat, deren Wachstum stark auf abhängiger Finanzialisierung beruhte und mit hohen strukturellen Leistungsbilanzdefiziten und rasch steigender Auslandsverschuldung verbunden war. Derartige Entwicklungsmuster waren nicht durchhaltbar. Die derzeitige Krise war im Integrationsmodell der Vorkrisenzeit angelegt. Abschließend diskutiert der Beitrag mögliche Szenarien der weiteren Entwicklung der EU. Aus dependenztheoretischer Sicht wäre ein Austritt der Peripherieländer aus der Euro-Zone trotz der damit verbundenen Probleme eine potenziell sinnvolle Option.

The article debates development models in EU core and periphery and their crisis in the light of critical Latin American theories of development. It highlights how EU integration policies, particularly in the monetary sphere, facilitated diverging development patterns and played a crucial role in establishing peripheral development models whose growth was reliant on dependent financialisation and that caused high structural current account deficits and rapidly rising external debts. The present crisis of European integration has its roots in the pre-crisis integration model. Finally, the article discusses possible scenarios for the further development of the EU. From the perspective of dependency theory, an exit from the euro zone would be a potentially useful option for peripheral countries.

Joachim Becker
Wirtschaftsuniversität Wien
joachim.becker@wu.ac.at

Johannes Jäger
Fachhochschule des bfi Wien
johannes.jaeger@fh-vie.ac.at

Rudy Weissenbacher
Wirtschaftsuniversität Wien
rweissen@wu.ac.at

Elisabeth Schmid
Theorien zum guten Leben

1. Einleitung

Was Entwicklung ist, und insbesondere, was eine gute Entwicklung ist, ist eine Schlüsselfrage der Entwicklungsforschung. Aber auch darüber hinaus ist die Beschäftigung damit, wie wir leben sollen, eine vor allem in Krisenzeiten aktuelle Frage und ein philosophisches Grundthema. Mit dem guten Leben, wie ich es in diesem Text vorstelle, ist nicht die Sehnsucht nach individuellem Glück oder die Hoffnung auf eine Aneinanderreihung günstiger Zufälle gemeint. Im Zentrum steht vielmehr die Reflexion über die richtige Lebensweise, welche sich an einem höchsten Ziel orientiert. Was dieses höchste Ziel, was gut und richtig ist, wird jedoch in verschiedenen Kulturräumen unterschiedlich diskutiert.

Die abendländischen Diskussionen reichen bis in die Antike zurück. Vor allem die Philosophie von Aristoteles hat tiefe Spuren im europäischen Denken und weit darüber hinaus hinterlassen. Insbesondere seit dem Ende des 20. Jahrhunderts erleben Überlegungen zum guten Leben eine Renaissance. So griff Amartya Sen in enger Zusammenarbeit mit Martha Nussbaum die Ansichten von Aristoteles auf und entwickelte sie im Fähigkeitenansatz weiter. Dieser wiederum ist Inspiration für andere Utopieentwürfe, die gegenwärtig angesichts vielfacher, geographisch weit gestreuter Krisen an Aktualität gewinnen.

Fast gleichzeitig und im Schatten von abendländischen Bemühungen, das gute Leben neu zu definieren, hat sich in Lateinamerika das Konzept des *buen vivir* in den politischen und gesellschaftlichen Debatten etabliert. Mit *buen vivir* wurde in Ecuador der Ausdruck *sumak kawsay* der Kichwa, in Bolivien der Aymara-Begriff *suma qamaña* und die korrespondierenden Begriffe in den Sprachen anderer indigener Bevölkerungsgruppen Boliviens übersetzt und als Leitprinzip bzw. ethisch-moralisches Prinzip in die Verfassungen der jeweiligen Staaten aufgenommen. Diese bewusste Hinwendung zu den andinen Kosmovisionen versteht sich als radikale Alternative zum herrschenden Verständnis von Entwicklung, als Gegenentwurf zum westlichen Weltbild und als Antwort auf die Krise des westlichen Weges, der in Lateinamerika vor allem durch den Glauben an Wachstum und Fortschritt tiefe Spuren hinterlassen hat. Unter dem Begriff sammeln sich verschiedene Sichtweisen; wesentlich ist, dass das *buen vivir* eine ganzheitliche Vision anbietet, die die Einheit zwischen Mensch und Natur und das Leben in Harmonie in den Mittelpunkt stellt.

Mit diesem Artikel verfolge ich mehrere Ziele. Zum einen werden Konzepte des guten Lebens aus verschiedenen Kulturräumen dargestellt. Zum anderen wird der philosophisch-politische Gehalt des *buen vivir* analysiert und sein Potenzial für eine Kritik und Überwindung herkömmlicher Entwicklungskonzepte offengelegt. Während die Diskussionen zu *buen vivir* dazu tendieren, westliche und andine Konzepte dualistisch gegenüberzustellen und zu bewerten, geht es im Folgenden vorerst um eine Erklärung der Konzepte aus ihren jeweiligen Kontexten heraus. Erst danach werden die Konzepte verglichen und allgemeine Schlüsse zu Entwicklung, gutem Leben und ihrer jeweiligen kontextbezogenen und darüber hinausgehenden Relevanz gezogen.

2. Das gute Leben in der westlichen Moderne

Die in alltäglichen Situationen auftauchende Grundfrage: „Wie soll ich handeln?" lässt sich ohne die Berücksichtigung von Zielen, Idealen und Prinzipien in kaum einem Fall beantworten. Woran aber sollen wir uns orientieren? An der eigenen Lebensfreude, an dem für die Gemeinschaft Guten und Gerechten? Oder an „objektiven" Werten und Gütern, wie etwa einer Gesellschaft ohne AlkoholikerInnen oder einem Wirtschaftssystem, das den angemessenen ökologischen Fußabdruck nicht übersteigt? Im Laufe der Geschichte hat sich der Fokus der Diskussionen, die vorwiegend von abendländischen PhilosophInnen geführt wurden, immer wieder verschoben.

Einer der ersten und wichtigsten Ansätze, der trotz Kritik bis heute wesentlicher Bezugspunkt politischer Philosophie geblieben ist, ist der Aristotelische. Dieser wurde auch Grundlage alternativer Entwicklungskonzepte, die die seit der zweiten Hälfte des 20. Jahrhunderts vorherrschenden Strategien, durch wirtschaftliches Wachstum zu einem guten Leben zu gelangen, kritisierten. So hat Sen die Diskussionen rund um Wohlfahrtsmessungen jenseits des Bruttonationalprodukts wesentlich geprägt. Beispielsweise dient sein Fähigkeitenansatz dem Konzept der menschlichen Entwicklung der UNDP als theoretische Basis. Ebenso können die Empfehlungen der Commission on the Measurment of Economic Performance and Social Progress (CMEPSP), einer Kommission, der unter anderem Joseph Stiglitz, Amartya Sen und Jean-Paul Fitoussi angehören, als eine Weiterentwicklung und Vertiefung des Fähigkeitenansatzes betrachtet werden (Stiglitz et al. 2010). Sie beziehen sich auf eine verbesserte, detaillierte Ermittlung von sozioökonomischen Daten und auf die Messung der ökologischen Nachhaltigkeit. In diese Daten werden die persönlichen Einschätzungen des eigenen Wohlbefindens sowie objektive Kriterien und alternative Möglichkeiten, Ungleichheiten aufzuzeigen, einbezogen.

2.1 Glückseligkeit nach Aristoteles

Für Aristoteles ist ein gutes Leben ein gelungenes Leben. Damit wird bereits klar, dass es um ein aktives Leben geht, ein Leben, das der Mensch selbst in die Hand nimmt und für das er Verantwortung trägt. Sein Handeln orientiert der Mensch an einer bestimmten Zielhierarchie. Niedere, aber durchaus legitime Ziele sind das Streben nach Reichtum und Besitz; sie sind jedoch nicht mehr als Mittel zu einem höheren Zweck. Vernunft, Lust und Ehre stehen über den erstgenannten Zielen, da sie um ihrer selbst willen angestrebt werden. Das höchste und oberste Ziel ist nach Aristoteles die Glückseligkeit, ein von einem guten Geist beseeltes Leben (*eudaimonia*) (Höffe 1999: 220ff). Zentral ist dabei, sich das ideale Leben als einen Prozess der ständigen Verbesserung vorzustellen.

Das oberste Ziel erreicht ein Mensch, wenn er seine ihm eigenen Fähigkeiten optimal entfaltet. Bei seinen Untersuchungen kommt Aristoteles zum Schluss, dass die besondere Fähigkeit des Menschen, die ihn von Tieren und Pflanzen unterscheidet, der *Logos*, die Vernunft sei. Das Vermögen der Sprache, der Moralität und der Politik heben ihn über die Natur, über die restliche mehr oder weniger beseelte Welt und machen ihn einzigartig. Der autonom handelnde Mensch steht zwar im Mittelpunkt der Frage nach dem guten Leben, dennoch bezieht sich dieses Leben nicht nur auf das Individuum selbst. Aristoteles ist der Ansicht, der Mensch ist in erster Linie ein soziales Wesen und auf die Verbundenheit mit seinesgleichen angewiesen. Die Entfaltung von Vernunft und Klugheit allein genügen für das Erreichen der Glückseligkeit nicht; das beste Leben ist in der antiken Philosophie gleichzeitig ein tugendhaftes Leben. Ethik und Vernunft sind gleichermaßen gefragt. Nur durch umfassende Übung von Gerechtigkeit, Tapferkeit, Großzügigkeit, Freundlichkeit etc. kann ein optimales Zusammenleben gelingen, ein wesentlicher Aspekt der Glückseligkeit (Fenner 2007: 21).

Der Natur des Menschen entspricht nach Aristoteles nicht nur das Zusammenleben selbst, sondern das Zusammenleben in einer politischen Gemeinschaft. Der Mensch ist also ein soziales und zugleich ein politisches Wesen. Ottfried Höffe erklärt den aristotelischen Ansatz folgendermaßen: Das Politische beginnt mit den Wirtschafts- und sozialen Beziehungen in der Familie. In einer zweiten Stufe geht es um die weiteren Verwandtschaftsverhältnisse, um die Sippe und Kulturgemeinschaft und den Schutz nach innen und außen. Am stärksten politisch ist die Gemeinschaft, die aus verschiedenen Sippen besteht und über die Blutsverwandtschaft hinausgeht, durch ihr gemeinsames Interesse an Recht und Gerechtigkeit und somit am guten Leben (Höffe 1999: 254f). Das Zusammenleben in der *Polis* ist für Aristoteles eine natürliche und darüber hinaus auch eine vollkommene Gemeinschaft. Die Aktualität dieser Erkenntnis wird beispielsweise durch Hannah Arendt vertieft. Sie greift die aristotelische Herangehensweise auf, indem sie in der aktiven Teilnahme am politischen Leben die wesentliche Grundbedingung des menschlichen Seins sieht (Arendt 2002).

Die Handlungsanleitungen, die Aristoteles gibt, um ein glückseliges Leben zu erreichen, beziehen sich auf die Übung des Geistes, die Entfaltung der Vernunft, die Teilnahme am politischen Geschehen und auf das Gewinnen von Erkenntnissen um ihrer selbst willen. Sein Ansatz ist also ganzheitlich und geht damit über rationalistische und individualistische Menschenbilder hinaus. Doch blieb dieses Leben Privileg weniger, denn diese vollkommene Gemeinschaft basiert auf einer strengen Hierarchisierung, die dem freien Mann und Bürger der Stadt mehr Rechte und Freiheiten einräumt als Frauen, Kindern, Sklaven, der Landbevölkerung und den Fremden/Barbaren. Aristoteles legitimiert diese „natürliche" Ordnung mit Verweis auf intellektuelle Defizite, auf die Beschaffenheit des Körpers, auf kulturelle Unterlegenheit und – vor allem bei Frauen – auf die fehlende Tugendhaftigkeit und Führungsschwäche (Höffe 1999: 262ff). So gelingt es Aristoteles nicht, die Grenzen seiner Zeit zu überwinden. Er eröffnet Horizonte emanzipatorischen Denkens und bleibt gleichzeitig gefangen in einem durch Ungleichheit bestimmten sozioökonomischen und politischen Umfeld.

2.2 Der Fähigkeitenansatz von Amartya Sen

Trotz der erwähnten Kritikpunkte hilft der aristotelische Ansatz, Defizite der modernen Gesellschaften offenzulegen, und wird deshalb immer wieder von verschiedenen PhilosophInnen aufgegriffen. Nicht nur Arendt bezieht sich in ihrem Bemühen, das Politische in modernen Arbeitsgesellschaften zu rehabilitieren, auf Aristoteles (Arendt 2002). Bei mehreren Themen, die Martha Nussbaum bearbeitet, dient das Denken Aristoteles' als Grundlage (vgl. Nussbaum 1999). Auch Sen stützt sich auf die aristotelische Philosophie im Bestreben, Lebensqualität und Entwicklung neu zu definieren. Sen ist ein westlich gebildeter indischer Ökonom, der die Errungenschaften kapitalistischer und moderner Entwicklungen schätzt, gleichzeitig aber einseitige Fixierungen auf materiellen Wohlstand und Wirtschaftswachstum ablehnt. Er versucht, Theorien und Konzepte zu erarbeiten, die diese Schwächen westlichen Denkens beheben. Mit seinem Fähigkeitenansatz ist es ihm gelungen, sich gleichermaßen vom Utilitarismus als auch von verengten ökonomistischen Zielsetzungen abzugrenzen.

Im Gegensatz zu utilitaristischen Ansätzen sieht Sen in der Verfügbarkeit von Gütern und Einkommen keinen Endzweck, sondern ein Mittel, um ein höheres Ziel zu erreichen. Er geht davon aus, dass ein möglichst großes Maß an Freiheit und Wahlmöglichkeiten (Verwirklichungschancen), die es dem Menschen erlauben, ein selbstbestimmtes Leben zu führen, einem guten Leben am nächsten kommen. Diesen Standpunkt erklärt er ausführlich in *Development as Freedom* (Sen 1999), einem seiner Hauptwerke. Nicht der tatsächlich erreichte Lebensstandard einer Person gibt Auskunft über deren Wohlbefinden, sondern die Frage, ob die Person dieses Leben frei gewählt hat. Wie auch Aristoteles geht Sen bei der Frage nach dem guten Leben vom Individuum aus. Freiheit ist ein zutiefst persönliches Ziel, ein selbstbestimmtes Leben orientiert sich an den ureigenen Anliegen, Wünschen und Interessen. Es spricht allerdings nichts dagegen, dass eine Person über die Eigeninteressen hinausgehende soziale und ethische Ziele in ihr Bündel an erstrebenswerten Tätigkeiten inkludiert.

Inwieweit sich eine Person für das Leben, das sie führt, frei entschieden hat, lässt sich kaum objektiv feststellen. Deshalb beschränken sich die meisten Anwendungen des Fähigkeitenansatzes auf eine multidimensionale Messung des erreichten Lebensstandards, der nicht nur Einkommen und damit Konsumchancen umfasst, sondern auch den Zugang zu sozialen Diensten und politischen Rechten. Viel schwieriger zu messen ist, warum ein bestimmter Lebensstandard erreicht oder eben nicht erreicht wurde. Für Sen ist Einkommen kein hinreichendes, aber dennoch ein notwendiges Mittel, um die eigenen Wahlmöglichkeiten zu erweitern. Dieses Einkommen kann nur durch Teilnahme am Markt unter Wettbewerbsbedingungen erwirtschaftet werden, was persönliche Freiheit und Autonomie voraussetzt. Freiheit, Sens Synonym für gutes Leben, ist damit sowohl Bedingung als auch gewünschtes Ergebnis von Entwicklung.

Bei diesen Überlegungen wird dem Individuum die Verantwortung für die Erweiterung seiner Freiheit zugewiesen. Soziale Ungleichheiten und Ungerechtigkeiten werden als Probleme des/der Einzelnen gesehen, die er/sie selbst bezwingen muss. Ein Scheitern bedeutet ein persönliches Scheitern (Walsh 2010: 16f). Sen (2005: 342) meint zwar, erwachsene Menschen müssen selbst für ihr Wohlergehen sorgen und sind dafür verantwortlich, die ihnen zur Verfügung stehenden Chancen zu nutzen. Dennoch betont er, dass die tatsächlichen Möglichkeiten vom sozialen Umfeld und der Verortung der Person in der Gesellschaft abhängen. Trotz dieser Anerkennung von möglichen strukturellen Hindernissen wird Macht als zentraler Einflussfaktor auf die Entscheidung, welches Leben verwirklicht wird, kaum berücksichtigt. Einzig Sens Insistieren auf Partizipation und Demokratie verweist darauf, dass die Gewährung von Rechten für ihn eine wichtige Komponente von Entwicklung ist. Sen ist sich bewusst, dass auf dem Markt keine fairen Verhältnisse hergestellt werden können und Wettbewerb allein nicht zu Gerechtigkeit führt (ebd.: 145). Er verweist deshalb auf die Bedeutung von sozialen, politischen und wirtschaftlichen Institutionen. Dass diese Forderung wesentlich weniger Gehör findet als die Forderung nach individueller Freiheit, ist wiederum Ausdruck von Machtverhältnissen und entspricht der Logik des herrschenden Systems. Dies zeigt sich in den Debatten um die europäische Schuldenkrise, die als Lösung in erster Linie auf wirtschaftliches Wachstum setzt.

Im Fähigkeitenansatz ist das westliche Modell des Lebens, das aristotelische gute Leben, implizit als Norm definiert. Der Fähigkeitenansatz bricht nicht mit dem Fortschrittsdenken, denn länger leben und „mehr Bildung" gelten als erstrebenswert. Wohl aber ist es ein Abschied von einem simplen, utilitaristischen „immer mehr", zumal größere Freiheit nicht zwingend auch ein mehr an Gütern bedeutet. Sen hat also einen klaren Fortschrittsbegriff: Menschen soll es möglich sein, einen Prozess der Entwicklung zu durchlaufen – ausgehend von einem Zustand der Armut, in dem die Wahlmöglichkeiten sehr eingeschränkt sind, zu einer Gesellschaft, in der möglichst große Freiheiten erreichbar sind, um für sich selber ein gutes Leben führen zu können. Dieses selbstdefinierte gute Leben kann eine Reihe von Dimensionen umfassen, die weit über Reichtum und Vermögen hinausgehen.

2.3 Der Fähigkeitenansatz als Basis und Inspiration für aktuelle Utopieentwürfe

Neben, mit und abseits von Sen haben auch andere westlich geprägter DenkerInnen Ansätze zum guten und erfüllten Leben entwickelt. Die in diesem Kapitel dargestellten Ideen und Konzepte sind als Auswahl zu verstehen, die nicht deren Wichtigkeit oder Bedeutung widerspiegeln soll. Vielmehr ist es ein Versuch, die Vielschichtigkeit und Breite der Diskussionen um das gute Leben im Westen darzustellen.

Die bereits erwähnte Zusammenarbeit von Sen mit Nussbaum führte unter anderem dazu, dass Nussbaum einen ähnlichen, aber dennoch eigenständigen Fähigkeitenansatz entwickelte. Sen lässt bewusst offen, was ein aus guten Gründen angestrebtes Leben für die/den Einzelne/n sein kann, und verweist diesbezüglich auf die notwendigen gesellschaftlichen und politischen Diskussionen. Im Gegensatz dazu legt Nussbaum fest, welche Grundbefähigungen ein gutes Leben ausmachen. Diese umfassen Fähigkeiten wie, nicht frühzeitig zu sterben, keinen Hunger zu leiden oder alle Sinne und Phantasie zu entwickeln. Für ebenso wichtig hält Nussbaum aber die Fähigkeiten, zu lachen und zu spielen und über das eigene Leben bestimmen zu können. Nussbaum stellt die menschliche Würde, Mitgefühl und gegenseitige Achtung in den Mittelpunkt ihres Ansatzes. Ihrer Ansicht nach ist es die Aufgabe des Staates, die notwendigen Unterstützungen bereitzustellen, die jede Person braucht, um ein gutes Leben führen zu können (Nussbaum 1999).

Neben dem Fähigkeitsansatz und wohl beeinflusst von Klimawandel, tatsächlichen und potenziellen Naturkatastrophen sowie der immer stärker spürbaren Ressourcenknappheit sind in den letzten beiden Jahrzehnten die Überlegungen zum guten Leben entscheidend von umweltökonomischen Diskussionen beeinflusst worden. So sieht beispielsweise Hans Christoph Binswanger im Zwang zum Wachstum, das dem derzeitigen Wirtschaftssystem inhärent ist, ein zentrales Problem. Er vertritt den Standpunkt, es gebe kein statisches Gleichgewicht, sondern eine Dynamik, die sich in einer nach oben offenen Spirale von einem Gleichgewicht wegentwickle (Binswanger 2006). Angesichts der Endlichkeit von natürlichen Ressourcen und der menschlichen Arbeitszeit und -kraft sieht Binswanger die Lösung in einem qualitativen Wachstum. Er schlägt also keinen Verzicht, sondern eine Reduktion und Modifikation von Wachstum vor (Binswanger 2010: 25). Dafür müssen sukzessive die Grundlagen geändert werden, die historisch zu dem von ihm beschriebenen Wachstumszwang und -drang geführt haben. Angefangen von einer Reform des Geldsystems über ein nachhaltiges Ressourcenmanagement bis zu einer Änderung des Eigentumsrechts reichen Binswangers Vorschläge. Auch für dieses Modell gilt, dass die Definition, was qualitativ hochwertig ist und die Lebensqualität verbessert, in einem gesellschaftlichen Prozess festgelegt werden muss, bei dem der Fähigkeitsansatz als Basis dienen kann.

In den Ansätzen der Postwachstumsökonomie stehen die Fragen nach dem Zusammenhang von Wachstum und Lebensqualität bzw. Ressourcenverbrauch zur Diskussion (Schmelzer/Passadakis 2011: 58). Wie Matthias Schmelzer und Alexis Passadakis beschreiben, setzt Wachstumskritik an zwei Punkten an. Die soziale Perspektive besagt, dass ein Zuwachs an „Glück" und Lebenszufriedenheit ab einem gewissen Niveau der Bedürfnisbefriedigung nicht mehr durch Erhöhung des Einkommens oder materieller Güter zu erreichen ist. Wachstum kann daher im besten Fall irrelevant für Lebensqualität werden oder, wie einige WissenschaftlerInnen argumentieren, sogar durch negative soziale und ökologische Folgen die Lebensqualität verringern. Ökologische WachstumskritikerInnen sind überzeugt, dass grenzenloses Wachstum in einer endlichen Welt nicht möglich ist. Die Grenzen liegen einerseits im limitierten Vorrat natürlicher Ressourcen und andererseits in der Kapazität der Natur, die Abfälle des Produktions- und Konsumtionsprozesses wieder aufzunehmen (Schmelzer/Passadakis 2011: 59f). Als Lösung schlagen sie eine solidarische Postwachstumsökonomie vor, eine konsequente Transformation der Produktions- und Lebensweise hin zu sozialer und ökologischer Nachhaltigkeit. Dabei nehmen sie neben den verschiedenen Dimensionen der Lebensqualität und dem Leben in Gemeinschaft auch auf Ideen des Konzepts *buen vivir* Bezug.

Die Frage nach dem guten Leben wird ebenso von KommunitaristInnen gestellt, die vor allem in den USA einen Gegenpol zu den liberalen, individualistischen Gesellschaftsentwürfen bieten. Wichtige Vertreter dieser Anschauung sind unter anderem Charles Taylor, Michael Walzer und Michael Sandel. Sie betonen, dass nur innerhalb der Gemeinschaft, die durch gemeinsame Werte und Traditionen zusammengehalten wird, moralisches Handeln möglich ist, und greifen auf die Tugendethik von Aristoteles zurück. Unter einer „guten" Gemeinschaft verstehen sie das Eingebettet-Sein in die Familie, in die Nachbarschaft und in die Dorf- oder Stadtgemeinde, in der die Menschen für sich selbst und füreinander sorgen. Dadurch erhält der/die Einzelne eine soziale Absicherung, die sich im Liberalismus und Industriekapitalismus des 20. Jahrhunderts verloren hat. Dass sich dieser Ansatz eher in den USA durchsetzt, wo der Sozialstaat weniger ausgebaut ist als in Europa und weitgehend auf die Regulierungskraft des Marktes vertraut wird, ist verständlich.

3. *Buen vivir* – eine andine Kosmovision

In den andinen Kulturen gibt es schon seit vielen Jahrhunderten Konzepte des guten Lebens. Diese werden nun in aktuellen politischen Auseinandersetzungen gegen Neoliberalismus und Neokolonialismus wiederentdeckt. Indigene Intellektuelle verweisen regelmäßig darauf, dass ihre Weltanschauung zuallererst eine Praxis des Lebens ist, ein Konzept, das im Zusammenleben in der Gemeinschaft und mit der Natur ständig konstruiert und angepasst wird (vgl. Macas 2010: 16). Im Zuge der Aufnahme des Begriffs in die Verfassungen von Ecuador und Bolivien entstanden Diskurse, durch die die ursprünglichen indigenen Auslegungen erweitert und geändert wurden. Gegenwärtig sammeln sich unter dem Begriff *buen vivir* verschiedene Ideen und Ansätze, wobei der Rückgriff auf indigene Visionen oft nur ungenau oder gar nicht erklärt wird (Cortez/Wagner 2010: 169). Daher werde ich zunächst die zentralen Leitgedanken erörtern und das *buen vivir* dann entlang der Konfliktlinie von Mensch, Natur und Entwicklung betrachten.

3.1 Die Idee des *buen vivir*

Das Konzept des *buen vivir* als Theorie zu bezeichnen, ist gewagt, denn in erster Linie ist es eine indigene Kosmovision, die kollektive Art und Weise einer Gesellschaft oder einer Gruppe von Menschen, die Welt zu sehen, zu erklären und zu transzendieren. *buen vivir* mag innerhalb der indigenen Bevölkerung unterschiedlich interpretiert und gelebt werden, aber es versteht sich als Alternative zum westlichen Entwicklungsparadigma.

Die Vielschichtigkeit des Konzepts wird durch Fernando Huanacunis Erklärung deutlich, dass viele indigene Gemeinschaften Lateinamerikas von einem „Multiversum" ausgehen, von einer Welt, in der mehrere Wahrheiten gleichzeitig und gleichwertig nebeneinander existieren. Das gute Leben definiert sich durch das Wissen um ein Leben in Harmonie und im Gleichgewicht mit der Natur sowie durch die Kenntnisse über die natürlichen und kosmischen Kreisläufe (Huanacuni 2010). Das Lebenssystem umfasst nicht nur Mensch und Natur in ihrer Interdependenz, sondern auch andere zum Leben gehörende Aspekte wie die spirituelle und mystische Welt.

Der zentrale Gegensatz des indigenen *buen vivir* zum westlichen guten Leben zeigt sich in der Perspektive auf Mensch und Natur. Während sich das westliche Denken trotz Umweltbewegungen weiterhin stark am Descartschen Dualismus von Mensch und Natur orientiert, ist in der indigenen Vorstellung der Mensch nicht von der Natur getrennt. Alles ist mit allem verbunden und vernetzt, alles ist Teil des Ganzen. Die Beziehung zwischen Mensch und Natur ist eine ebenbürtige, eine Beziehung von Subjekt zu Subjekt (Kowii 2011). Dieses Weltbild stellt allerdings nicht die Natur in den Mittelpunkt und den Menschen an den Rand, sondern sie propagiert die Auflösung des Bruchs zwischen Mensch und Natur. Wie Thomas Fatheuer erwähnt, lädt das *buen vivir* zu einem elementaren Perspektivenwechsel ein, zu einem radikal anderen Umgang des Menschen mit der Natur (Fatheuer 2011: 23f). Das Konzept des *buen vivir* widerspricht jedoch nicht der Nutzung der Natur durch den Menschen, wohl aber soll diese Nutzung in Achtung und Harmonie sowie unter Berücksichtigung der Rechte der Natur erfolgen. Die Diskussionen über die Grenzen gestalten sich in Bolivien und Ecuador besonders schwierig, da für beide Länder Bodenschätze, vor allem Erdöl in Ecuador und Erdgas in Bolivien, wichtige Devisenbringer sind. Von vielen wird daher eine Ausweitung der Produktion als vernünftiges Mittel zur Finanzierung von Staatsausgaben gesehen, während andere das Recht der Natur auf ihre Kreisläufe und die Erhaltung des Lebensraums für Menschen und Tiere höher bewertet wissen wollen.

Im Konzept des *buen vivir* gehen die indigenen Gemeinschaften von einer kosmologischen Dualität aus. Mann und Frau bzw. das männliche und das weibliche Prinzip sind in Menschen, in Bergen, in Objekten etc. existent. Ariruma Kowii (2011) weist darauf hin, dass diese allgegenwärtige Dualität die Differenz und gleichzeitig den Respekt, die Liebe, die Reziprozität und die Gleichwertigkeit versinnbildlicht. Die Verflechtungen der Geschlechterkonzeption mit Prinzipien der Gemeinschaftlichkeit, Reziprozität und Solidarität wirken sich direkt auf das Verständnis von Wirtschaft und Entwicklung aus. Im *buen vivir* dient die wirtschaftliche wie die soziale Ordnung der Schaffung und dem Erhalt von Leben (Cortez/Wagner 2010: 190), nicht dem Erreichen von Freiheit und viel weniger noch der Anhäufung von Gut und Geld. In diesem Punkt besteht meines Erachtens der wesentliche konstruktive Beitrag des *buen vivir* zu Diskussionen um das gute Leben, um ein höchstes Ziel.

Dennoch bietet gerade diese Auffassung einen entscheidenden Ansatz für Kritik am Konzept des *buen vivir*. In der indigenen Auffassung ergänzen sich in den menschlichen Beziehungen Mann und Frau, in der Natur männliches und weibliches Prinzip. Das eine ist ohne das andere nicht vollständig, nicht im Gleichgewicht. Gleichzeitig schließen die Dualität und Komplementarität von Mann und Frau jede andere Möglichkeit aus (Cortez/Wagner 2010: 190). Transgender, bi- und homosexuelle Personen kommen im Konzept des *buen vivir* nicht vor. Die Kriterien und die Gründe für diese grundsätzliche Verletzung des Gleichheits- und Gleichwertigkeitsprinzips sind in der indigenen Tradition wenig erforscht und in der aktuellen politischen Debatte an den Rand gedrängt.

Das indigene gute Leben als holistische Betrachtung der Welt, als ein Leben in Harmonie und Gleichgewicht, wird naturgemäß von der Gemeinschaft aus gedacht. Wiederum wäre es verfehlt, den westlichen Individualismus und Liberalismus einfach in sein Gegenteil zu verkehren – das entspräche eher einem kommunistischen Konzept –, vielmehr gilt auch hier ein „sowohl als auch". Die Harmonie und das Gleichgewicht für die/den Einzelne/n und für das Ganze sind gleich wichtig und gleichwertig für das Zusammenleben (Huanacuni 2010). Der Mensch handelt und denkt sich innerhalb der Gemeinschaft. Will die einzelne Person zu einem harmonischen Leben im Gleichgewicht mit der Natur gelangen, muss sie ihre eigene Ergänzung in der Gemeinschaft suchen, in die sie ihre Arbeit einbringt und Hilfe anbietet und empfängt (Choquehuanca 2010: 8).

Im Gegensatz zum von Aristoteles angestrebten aktiv kontemplativen Leben, dem Leben eines Intellektuellen und Denkers, ist im indigenen Verständnis körperliche Arbeit gleichbedeutend mit „Glück", mit der Möglichkeit, zu wachsen und zu lernen (Choquehuanca 2010: 8). Arbeit, allen voran die Arbeit auf dem Feld, wird als Kommunikation mit der Mutter Erde (*pachamama*), als körperliche und gleichzeitig als spirituelle Tätigkeit aufgefasst (Kowii 2011). Die Betonung der Mutter Erde und des ländlichen Lebens macht es schwer, sich ein indigenes städtisches Leben vorzustellen. Es entspricht allerdings der Realität immer größerer Teile der Weltbevölkerung, in Städten zu leben bzw. leben zu müssen. In diesen Kontext ist das Konzept des ursprünglichen, indigenen *buen vivir* nicht ohne weiteres übertragbar und muss angepasst werden, um breitere Gültigkeit zu erlangen.

3.2 *Buen vivir* in den Verfassungen Boliviens und Ecuadors

Eine Verfassung ist nicht nur eine Niederschrift von Rechten und Normen, sondern Ausdruck politischer und sozialer Kräfteverhältnisse. In Bolivien und Ecuador bewirkte die politische Stärke der indigenen Bewegungen, dass die Erarbeitung einer Verfassung unter Rückgriff auf das Wissen, die Erfahrungen und die Visionen der indigenen Bevölkerung möglich wurde. Mit der Aufnahme des Konzepts des *buen vivir* wird nichts Geringeres als die Reorganisation des Zusammenlebens im postkolonialen Kontext versucht. Wie tief die Forderung nach Veränderung reicht, zeigt sich daran, dass sich Bolivien und Ecuador als Staaten neu definiert und gegründet haben.

In der bolivianischen Verfassung, die seit Februar 2009 in Kraft ist, werden in Artikel 8 die Werte und Prinzipien des Staates festgelegt. Neben anderen, klassischen Grundwerten wie Einheit, Gleichheit, Inklusion, Würde, Freiheit, Solidarität, Reziprozität, etc. wird das Konzept des *buen vivir* in den verschiedenen indigenen Sprachen erwähnt: *suma qamaña* (Leben in Fülle), *ñanereko* (harmonisches Leben), *teko kavi* (gutes Leben), *ivi maraei* (Erde ohne Böses) und *qhapaj ñan* (nobler Weg). Dadurch wird der plurinationale und plurikulturelle Charakter der Verfassung festgeschrieben und hervorgehoben. Ein zweites Mal wird beim angestrebten ökonomischen Modell Bezug auf die indigene Kosmovision genommen. Die Wirtschaft orientiert sich an Prinzipien wie Solidarität, Reziprozität, Komplementarität und Nachhaltigkeit und hat die Verbesserung des Lebensstandards und ein gutes Leben zum Ziel. Die Aufgabe des Staates liegt in der gerechten Verteilung der produzierten Überschüsse und der Sicherung von sozialen Zielen wie Bildung, Gesundheit, Kultur, etc. (Artikel 306). Das Wirtschaftssystem soll so gestaltet werden, dass das *buen vivir* in seinen vielen Dimensionen erreicht werden kann (Artikel 313).

Die ecuadorianische Verfassung (gültig seit Oktober 2008) nimmt das *sumak kawsay* als Leitprinzip in die Verfassung auf (Präambel). Das gute Leben ist als verfassungsrechtliches Ziel definiert und umfasst eine Reihe von Rechten, die teilweise sehr weit gefasst sind und von KritikerInnen als reine Wunschliste abgetan werden. Ramiro Ávila weist aber unter Bezugnahme auf Artikel 11 darauf hin, dass alle Rechte in der Verfassung unveräußerlich, unverzichtbar, interdependent und unteilbar sind und auf der gleichen hierarchischen Ebene stehen. Die Diskussion über die „Natur" der Rechte, über eine Klassifikation nach Wichtigkeit und Dringlichkeit, lehnt er für die Verfassung Ecuadors strikt ab, da die Umsetzung und die Widmung der dafür notwendigen finanziellen Mittel nicht von der Willkür der gerade regierenden Partei abhängig gemacht werden dürfen (Ávila 2011: 23). Das Recht auf Wasser, eine gesunde Umwelt, Kommunikation, Bildung und Unterkunft sind ebenbürtig mit dem Recht auf Partizipation und Freiheit sowie mit den Rechten der Person und der Natur.

Die ecuadorianische Verfassung widmet dem „System des guten Lebens" (*régimen del buen vivir*) einen eigenen Abschnitt, der im ersten Kapitel die soziale Inklusion und Gleichheit behandelt und im zweiten den Schutz der Biodiversität und der natürlichen Ressourcen. Konsequenterweise wird das „System des guten Lebens" in engem Zusammenhang zum „System der Entwicklung" (*régimen de desarrollo*) gesehen: Entwicklung dient dem guten Leben. Damit das gelingt, müssen – wie in Artikel 275 definiert – die Menschen und Gemeinschaften ihre Rechte auch tatsächlich wahrnehmen können, um in einem partizipativen Prozess über die Entwicklungsstrategien bestimmen und ein Leben in Harmonie und Gleichgewicht erreichen zu können (Gudynas 2012: 9).

Trotz des scheinbaren Gleichklangs der beiden Verfassungen unterscheiden sie sich in einigen Punkten deutlich voneinander. In der bolivianischen Verfassung ist das *buen vivir* ein ethisch-moralisches Prinzip, an dem sich der Staat und die BürgerInnen des Staates orientieren. Zentral ist die Betonung der Pluralität und der Plurinationalität. In Ecuador hat das *sumak kawsay* auf zwei Ebenen Bedeutung: einerseits als Oberbegriff für eine Reihe von Rechten und andererseits als Definition für einen Weg, wie diese Rechte vom Staat und von der gesamten Gesellschaft verwirklicht werden sollen (Gudynas 2012: 10). Während die bolivianische Verfassung beim Prinzip der Pluralität durch die Aufnahme vieler nicht spanischer Begriffe für das gute Leben weiter geht und sich viel mehr auf den Staat als wichtigen Akteur stützt, ist das *buen vivir* als Konzept in der ecuadorianischen Verfassung rechtlich besser verankert und nimmt alle BürgerInnen in die Verantwortung (ebd.).

Ein weiterer wichtiger Unterschied der beiden Verfassungen betrifft die Behandlung der Natur. Bolivien nimmt zwar starken Bezug auf die Menschenrechte der dritten Generation, die kollektiven Rechte der Völker, die unter anderem auch das Recht auf eine intakte Umwelt und eine angemessene Lebensqualität inkludieren. Im Gegensatz zur ecuadorianischen Verfassung werden die Rechte der Natur nicht explizit in der Verfassung verankert. Im Oktober 2012 trat in Bolivien allerdings ein einfaches Gesetz in Kraft, das die Rechte der Natur anerkennt und ein Entwicklungskonzept festschreibt, das das *vivir bien* (gut leben) zum Ziel hat (*Ley Marco de la Madre Tierra y Desarrollo Integral para Vivir Bien*). In der bolivianischen Verfassung sieht Eduardo Gudynas „eine problematische Nähe zum klassischen Entwicklungsverständnis" (Gudynas 2012: 12), da die Industrialisierung und Kommerzialisierung der natürlichen Ressourcen zu einer Priorität des Staates erklärt wird (Artikel 355). Die Betonung des Staates in diesem Artikel ist im Zusammenhang mit der Ausbeutung der natürlichen Ressourcen durch transnationale Unternehmen und der Abhängigkeit Boliviens vom Weltmarkt verständlich.

Ecuador ist das erste Land der Welt, das die Natur als Rechtssubjekt anerkennt, dem bisher nur Bolivien bei diesem Schritt gefolgt ist. Nicht nur das Recht des Menschen auf eine intakte Umwelt wurde in der Verfassung verankert, sondern es wurde auch der intrinsische Wert der Natur bejaht. Weder muss der Wert der Natur durch Kosten-Nutzen-Rechnungen bewiesen werden, noch werden nur „schöne" Landschaften oder „nützliche" Tiere geschützt, sondern die Ökosysteme haben von sich aus ein Recht auf ihre Existenz und auf die Wiederherstellung ihres ursprünglichen Zustandes, insbesondere wenn sie durch excessive Nutzung und Verschmutzung durch den Menschen geschädigt wurden. Damit muss die Vorstellung der Natur als Kapital der Vorstellung des „Naturerbe" *(patrimonio natural)* weichen, der wirtschaftliche Wert wird durch soziale, kulturelle, lebensspendende und lebenserhaltende Funktionen der Natur ergänzt (Gudynas 2009: 102ff).

3.3 Entwicklung und *buen vivir*

Das Konzept des *buen vivir* hat mit der Auffassung von Entwicklung als Wachstum, vor allem wenn der Fokus dabei einzig auf wirtschaftlichem Wachstum liegt, nichts gemein. Pablo Pablo Dávalos behauptet sogar, dass sich der Fortschritt schnell als reine Illusion herausstellen würde, wenn man die negativen externen Effekte wie Umweltverschmutzung, den Raubbau an der Natur, unbezahlte Arbeit sowie unwürdige und ungesunde Arbeitsbedingungen berücksichtigte (Dávalos 2008). In der holistischen Betrachtungsweise des *buen vivir* ist es nicht möglich, diese Effekte zu ignorieren. Der Mensch ist nicht der alleinige Maßstab, der alle anderen Lebewesen und Lebenssysteme zu seinem Vorteil nutzen und ausbeuten darf. Mensch und Natur sind verbunden, ein andauerndes Ungleichgewicht zu Lasten der Natur kann nicht zu einem guten Leben führen.

Zwar wurden gerade in Ecuador große Erfolge für den Schutz der Natur und der Durchsetzung der Rechte der Natur erzielt. Insbesondere erwähnenswert ist die Initiative Yasuní-ITT, die große internationale Aufmerksamkeit erhalten hat. Das Erdölfeld Ishpingo Taboccocha Tiputin (ITT) liegt nahe am Naturpark Yasuní, der wegen seiner einzigartigen Biodiversität und in freiwilliger Isolation lebender indigener Gemeinschaften bekannt ist. Präsident Rafael Correa machte vor der UNO den Vorschlag, die Erdölreserven in Yasuní-ITT nicht zu fördern und so die weltweite CO_2-Belastung, die durch die Nutzung dieses Erdöls entstünde, zu vermeiden und gleichzeitig die Artenvielfalt des Nationalparks zu erhalten. Im Gegenzug dafür leisten die Mitgliedstaaten der UNO die Hälfte des prognostizierten Gewinns als Kompensationszahlungen (ca. 3,6 Mrd. USD), die für soziale Projekte eingesetzt werden sollten. Der Vorschlag wurde angenommen und als Meilenstein der globalen Umweltpolitik gelobt, aber bisher nicht in der vorgeschlagenen Form umgesetzt.

In den letzten Jahren treten allerdings sowohl in Ecuador als auch in Bolivien tiefgreifende, durch das Konzept des *buen vivir* vorgezeichnete Konflikte auf, die sich vor allem an den möglichen Nutzungen des Lebensraums von Menschen, Tieren und Pflanzen entzünden. Ein tiefer Bruch der indigenen Bevölkerung mit der Regierung Rafael Correas geschah im Zuge der Debatten um das *Ley del agua,* der in großen Demonstrationen und Unruhen im Oktober 2009 seinen Ausdruck fand. Die indigene Bevölkerung warf Correa vor, die Privatisierung des Wassers nicht rückgängig, wie der entsprechende Verfassungstext von der indigenen Bevölkerung interpretiert wurde, sondern vielmehr weiter vorantreiben zu wollen. Eine sehr ähnliche Diskussion wurde geführt, als klar wurde, dass die Regierung an ihrer Absicht festhielt, den Abbau von Bodenschätzen zu erweitern, um mit den Einnahmen die öffentliche Infrastruktur zu verbessern.

In Bolivien erreichten diese Konflikte einen Höhepunkt, als das oben erwähnte Gesetz *Ley Marco de la Madre Tierra y Desarrollo Integral para Vivir Bien* verabschiedet wurde. Das Gesetz wird von den VertreterInnen des Consejo Nacional de Ayllus y Markas del Qullasuyu (CONAMAQ), einer wichtigen Organisation der indigenen Bevölkerung Boliviens, vehement abgelehnt. Sie werfen der öffentlichen Hand, allen voran dem Präsidenten Evo Morales vor, die Prinzipien des *buen vivir* verraten zu haben und die wirtschaftliche Entwicklung vor die Forderungen der indigenen Bevölkerung auf Mitbestimmung zu stellen. Eine zentrale, in der Endfassung aber nicht berücksichtigte Forderung der CONAMAQ war, die lokale Bevölkerung vorab über große Projekte und Vorhaben im Straßenbau, Bergbau, etc. zu informieren und Entscheidungen im Konsens mit der lokalen Bevölkerung zu treffen.

Um diese großen, schwierigen Konflikte zu überwinden, bedarf es in den plurinationalen und pluralen Gesellschaften Boliviens und Ecuadors Geduld und Kompromissbereitschaft, aber auch Beharrlichkeit. Damit die Ziele des *buen vivir* verwirklicht werden können, müssen im politischen und sozialen Dialog ungerechte Strukturen aufgebrochen und die Interessen von marginalisierten Bevölkerungsgruppen berücksichtigt werden. Es wird in Zukunft darauf ankommen, ob es gelingt, Gleichheit und Unterschiedlichkeit nicht als gegensätzliche Begriffe, sondern als zwei Eckpunkte von sozialer Gerechtigkeit zu betrachten (Larrea 2010: 24f).

4. Von der Kritik am herrschenden Entwicklungsdiskurs zum guten Leben für alle

Werden die verschiedenen Theorien zum guten Leben auf ihre Tauglichkeit für einen möglichen Lebens- oder Gesellschaftsentwurf hin überprüft, ist es notwendig, sich der Perspektive des/der Fragenden bewusst zu sein, komplizierte Verflechtungen zu entwirren und unsichtbar gemachte Machtstrukturen sichtbar zu machen.

Basierend auf den Ideen von Aristoteles geht der Fähigkeitenansatz von Sen von der Vorstellung eines autonomen Individuums aus, das seine Chancen wahrnimmt und so ein selbstgewähltes, freies Leben verwirklicht. Ökonomische und soziale Zwänge als Ausdruck von Machtverhältnissen werden wenig beachtet, obwohl Sen die demokratische Regierungsform als Ideal und eine umfassende Partizipation als Voraussetzung dafür betrachtet. Demokratie heißt laut Sen, eine Vielzahl von Chancen zu eröffnen. Wie diese aber genutzt werden (können), hängt von tatsächlichen Verhaltensmustern und den Mechanismen politischer und sozialer Interaktion ab (Sen 2010: 381). Der Fähigkeitenansatz ist ein hilfreicher Denkansatz zur Analyse von verschiedenen Fragestellungen zu Freiheit, sozialer Gerechtigkeit, Armut und Wohlstand, etc. und erfordert politisches und gesellschaftliches Ausverhandeln der Rahmenbedingungen, um ein erwünschtes Leben zu erreichen.

Mit dem Fähigkeitenansatz gelingt es Sen, einen Paradigmenwechsel im Entwicklungsdiskurs auszulösen. Die Leistung des Fähigkeitenansatzes liegt in seinem Potenzial, die „traditionelle" Wohlfahrtsökonomie, den Utilitarismus, in Frage zu stellen und weiterzuentwickeln. Er widerspricht klar dem Primat des wirtschaftlichen Wachstums, das sich in der zweiten Hälfte des 20. Jahrhunderts als vorherrschendes Entwicklungsziel durchgesetzt hat. Wirtschaftswachstum ist im Fähigkeitenansatz lediglich ein Mittel, um das höhere Ziel, die Erweiterung der Freiheit, zu erreichen. Sen erkennt an, dass ein gutes Leben Möglichkeiten und Freiheiten in verschiedenen Bereichen beinhaltet, und fordert eine Abwendung vom reinen Materialismus. Darüber hinaus widerspricht er der oft geforderten Priorisierung von wirtschaftlichem Wohlergehen gegenüber politischen Freiheiten. Sen vertritt die Ansicht, dass wirtschaftliche, soziale und politische Ziele gleichwertig sind und sich gegenseitig bedingen (Sen 2005: 180ff).

Diese Kritiken und Weiterentwicklungen des herrschenden Entwicklungsdiskurses folgen allerdings einer anderen Argumentation als die Ideen des Konzeptes *buen vivir*. Sen weicht nicht vom anthropozentrischen, liberalen Weltbild ab und er bleibt auch in der Vorstellung der Linearität von Entwicklung verhaftet. Für ihn geht es zwar nicht um ein „immer mehr" an Gütern, wohl aber um ein „immer mehr" an Freiheiten.

Das *buen vivir* hingegen strebt keine Reformen und affirmative Politiken an, sondern es geht um eine Umverteilung der Macht und um eine andere Herangehensweise an menschliches und soziales Leben. Viele Aspekte des *buen vivir* finden in westlichen, modernen Konzepten keine korrespondierenden Begrifflichkeiten und Vorstellungen. Im *buen vivir* finden sich keine Antworten auf die Fragen des Entwicklungsdiskurses, sondern es stellt andere Fragen. Nicht das gute menschliche Leben soll erreicht werden, vielmehr geht es darum, Leben als Prinzip zu schaffen und zu erhalten. Folglich ist es auch kein neues, anderes Entwicklungskonzept, sondern eine Alternative zum westlichen Konzept der Entwicklung selbst.

Die entscheidende Leistung der bolivianischen und ecuadorianischen Gesellschaft besteht darin, ein Lebenskonzept, eine Vision, wie ein gutes Leben gestaltet werden kann, in den Verfassungsrang gehoben zu haben. Es ist wohl kein Zufall, dass das Konzept des *buen vivir* gerade in diesen beiden Ländern, in denen ein großer Teil der Bevölkerung indigene Wurzeln hat und/oder auf dem Land lebt, eine so breite Anerkennung und politische Relevanz erlangt hat. Für sie ist die Bedeutung der Natur im Alltag unmittelbar spürbar und die Beziehung zur Umwelt meist sehr stark.

Der darin verankerte Respekt vor der Natur und ihren Kreisläufen führt allerdings auch oft dazu, das indigene *buen vivir* als rückwärtsgewandtes Konzept zu betrachten, das das Fortkommen der bolivianischen und ecuadorianischen Gesellschaft blockiert und die erreichten Leistungen in Bezug auf Wohlstand und Wohlergehen sogar zunichte macht. Diese Einschätzung wird aber weder der Idee noch den aktuellen Entwicklungen in Lateinamerika gerecht. Denn mit dem *buen vivir* wird ein alternatives Weltbild zur Moderne angeboten, das außerhalb der Moderne stehend die Schattenseite der Moderne überwinden kann. Die Natur als Subjekt anzuerkennen und somit den Menschen als alleiniges Maß abzulehnen, führt zu einem neuen ethischen Paradigma und zu einer völlig anderen Vorstellung von Werten. Die Reduktion der menschlichen Umgebung auf Tausch- oder Gebrauchsgüter wird unmöglich und undenkbar. Die Anerkennung von Wissen außerhalb des westlichen ExpertInnentums bedeutet eine Dekolonialisierung von Erkenntnissen und eine Dekonstruktion der Idee von Über- oder Unterlegenheit (Gudynas 2012: 26f). Dennoch ist auch im *buen vivir* Wachsamkeit geboten, damit die Marginalisierung einzelner Gruppen der Gesellschaft nicht fortgesetzt oder neu festgeschrieben wird. Nicht eine „indigen-zentrische" Gesellschaft soll etabliert werden, sondern eine interkulturelle Gesellschaft, die auf gegenseitigen Respekt, Gleichberechtigung und Harmonie basiert und in der Unterschiedlichkeit als konstituierendes Merkmal anerkannt wird (Walsh 2009: 182f),

Auch Gudynas warnt davor, im *buen vivir* eine universelle Lösung, ein Rezept für die in die Krise geratene westliche Zivilisation zu sehen. Wie ein gutes Leben in den verschiedenen Bereichen und Lebensumständen erreicht werden kann, ist sehr unterschiedlich. Die Debatte um das *buen vivir* muss den jeweilgen Kontexten und AkteurInnen angepasst sein, damit muss eigentlich von „guten Leben" im Plural, von verschiedenen vorstellbaren guten Leben ausgegangen. Ein ständiger Dialog, ein Austausch von Positionen zwischen der indigenen Bevölkerung, den afro-stämmigen Gemeinschaften, den MestizInnen, aber auch zwischen Männern und Frauen, Jungen und Alten sowie VertreterInnen verschiedener Kulturen ist notwendig, um zum guten Leben für alle zu kommen (Gudynas 2012: 18). Wie und welche Prinzipien des *buen vivir* in andere Gesellschaften übernommen werden können und sollen und inwieweit Vorstellungen des indigenen, ländlichen Lebens auch für die städtische Bevölkerung umsetzbar sind, sind derzeit noch offene Fragen.

Wie Alberto Acosta (2011: 55) betont, liegt ein wichtiger Beitrag, den das *buen vivir* leisten kann, in der Möglichkeit, den Dialog zu öffnen und Brücken zu bauen zwischen dem Wissen der indigenen Völker Lateinamerikas und den Leistungen der „Moderne". Die Auffassungen über das indigene gute Leben können zu einer Reflexion über „westliche" Lebensgrundlagen und zu einem Wandel eines an die Grenzen stoßenden Lebensmodells beitragen, während das *buen vivir* Werte und Traditionen an den aktuellen Lebensrealitäten der Menschen prüft und sich durch kritische Erneuerung seiner Prinzipien erweitert.

Literatur

Acosta, Alberto (2011): Riesgos y amenazas para el Buen Vivir. In: Ecuador Debate: Acerca del Buen Vivir 84, 51-55.
Arendt, Hannah (2002): Vita activa oder Vom tätigen Leben. München/Zürich: Piper.
Ávila Santamaria, Ramiro (2011): El neoconstitucionalismo transformador. El estado y el derecho en la constitucion del 2008. Quito: Abya Yala.
Binswanger, Hans Christoph (2006): Die Wachstumsspirale. Geld, Energie und Imagination in der Dynamik des Marktprozesses. Marburg: Metropolis.
Binswanger, Hans Christoph (2010): Vorwärts zur Mäßigung. Hamburg: Murmann.
Choquehuanca Céspedes, David (2010): Hacia la reconstrucción del Vivir Bien. In: Revista América Latina en Movimiento 452, 8-13. http://alainet.org/publica/alai452w.pdf, 12.10.2012.
Cortez, David/Wagner, Heike (2010): Zur Genealogie des indigenen „Guten Lebens" („Sumak Kawsay") in Ecuador. In: Gabriel, Leo/Berger, Herbert (Hg.): Lateinamerikas Demokratien im Umbruch. Wien: Mandelbaum, 167-200.
Dávalos, Pablo (2008): El „Sumak Kawsay" („Buen Vivir") y las cesuras del desarrollo. In: ALAI, América Latina en Movimiento, 6.5.2008. http://alainet.org/active/23920, 16.10.2012.
Fatheuer, Thomas (2011): Buen Vivir. Eine kurze Einführung in Lateinamerikas neue Konzepte zum guten Leben und zu den Rechten der Natur (Schriftreihe Ökologie Band 17). Berlin: Heinrich-Böll Stiftung.
Fenner, Dagmar (2007): Das gute Leben. Berlin: Walter de Gruyter.
Gudynas, Eduardo (2009): El mandato ecológico. Derechos de la naturaleza y políticas ambientales de la nueva Constitución. Quito: Abya-Yala.
Gudynas, Eduardo (2012): Buen Vivir. Das gute Leben jenseits von Entwicklung und Wachstum. Berlin: Rosa Luxemburg Stiftung.
Höffe, Ottfried (1999): Aristoteles. München: Beck.
Huanacuni Mamani, Fernando (2010): Buen Vivir/Vivir Bien. Filosofía, políticas, estrategias y experiencias regionales andinas. Lima: Coordinadora Andina de Organizaciones Indígenas – CAOI.
Kowii, Ariruma (2011): El Sumak Kawsay. http://www.uasb.edu.ec/contenido.php?cd=3272, 15.10.2012.

Larrea, Ana Maria (2010): La disputa de sentidos por el buen vivir como proceso contrahegemónico. In: SENPLADES (Hg.): Los nuevos retos de América Latina. Socialismo y sumak kawsay. Quito: SENPLADES, 15-27.
Macas, Luis (2010): El Sumak Kawsay. In: Revista Yachaykuna 13, 13-39.
Nussbaum, Martha (1999): Gerechtigkeit oder Das gute Leben. Frankfurt: Suhrkamp.
Schmelzer, Matthias/Passadakis, Alexis (2011): Postwachstum. Hamburg: VSA.
Sen, Amartya (1999): Development as Freedom. Oxford: Oxford University Press.
Sen, Amartya (2005): Ökonomie für den Menschen. Wege zu Gerechtigkeit und Solidarität in der Marktwirtschaft. München: dtv.
Sen, Amartya (2010): Die Idee der Gerechtigkeit. Bonn: Bundeszentrale für Politische Bildung.
Stiglitz, Joseph/Sen, Amartya/Fitoussi, Jean-Paul (Hg., 2010): Mismeasuring our Lives. Why GDP Doesn't Add up. The Report by the Commission on the Measurement of Economic Performance and Social Progress. New York/London: The New Press.
Walsh, Catherine (2009): Estado plurinacional e intercultural. Complementariedad y complicidad hacia el „Buen Vivir". In: Acosta, Alberto/Martínez, Esperanza (Hg): El buen vivir. Una via para el desarrollo. Quito: Abya-Yala, 16-184.
Walsh, Catherine (2010): Development as Buen Vivir: Institutional arrangements and (de)colonial entanglements. In: Development 53 (1), 15-21.

Abstracts

Im vorliegenden Artikel werden Ansätze zum „guten Leben" aus europäischen und lateinamerikanischen Diskussionen in ihren jeweiligen Kontexten dargestellt, gewürdigt und ihre Bedeutung für aktuelle philosophisch-politische Fragen analysiert. Als Beispiel für das „moderne" gute Leben wird ein Überblick über Amartya Sens Fähigkeitenansatz gegeben, der wie viele andere derartige Überlegungen auf die aristotelische Glückseligkeit rekurriert. Hauptsächlich fokussiert der Artikel aber die Darstellung der zentralen Ideen und Inhalte eines vielschichtigen Konzepts aus der Peripherie – das *buen vivir*, das vor allem in Bolivien und Ecuador politische Relevanz erlangt hat und sich als Gegenentwurf zum westlichen Verständnis von Entwicklung als Wachstum versteht. Der Artikel schließt mit einem Vergleich der beiden Konzepte und zieht Schlüsse zum unterschiedlichen Verständnis von Entwicklung und den möglichen Beiträgen der Konzepte für ein gutes Leben für alle.

In this article the author describes and values approaches to the „good life" from european and latinamerican discussions within their respective contexts and analyses their significance for current philosophical-political questions. As an expample for the „modern" good life an overview of Amartya Sen's capability approach is given. In line with many other such thoughts, this approach draws on the arestotelian concept of happiness. Primarily, however, the article focusses on the description of the central ideas and contents of a multidimensional concept from the periphery – the *buen vivir*, that gained political relevance particularly in Bolivia and Ecuador and defines itself as an alternative to the western perception of development as growth. The article closes by comparing these two concepts and drawing conclusions about the different perspectives on development and the possible contributions of the concepts for a good life for all.

Elisabeth Schmid
schmidelisabeth@hotmail.com

ANDREAS NOVY
Ein gutes Leben für alle – ein europäisches Entwicklungsmodell

Aufmerksamen BeobachterInnen wird es nicht entgangen sein, dass in den letzten Jahren immer öfter vom guten Leben die Rede ist. In Lifestylemagazinen, aber auch im Feuilleton finden sich Beispiele gelungenen Lebens und philosophische Überlegungen zu einer Lebensführung jenseits eines Mehr-und-Mehr oder Schneller-und-Schneller. Als politischen Slogan finden wir das gute Leben bei so unterschiedlichen Organisationen wie Attac, der Grünen Bildungswerkstatt, der IG Metall und feministischen Gruppen (Knecht et al. 2013). Ist das Interesse für das gute Leben bloß eine Mode oder eröffnet dieses Konzept den Raum für eine Suchbewegung, die nicht nur Alternativen zum Neoliberalismus anbietet, sondern langfristig den Weg zu einer ganz anderen Gesellschaft weist?

Der vorliegende Text geht ebendieser Frage nach und zeigt, aus lateinamerikanischen Erfahrungen und Theorien lernend, Perspektiven für gesellschaftsveränderndes Handeln in Europa. Dies erfolgt in Form des didaktischen Dreischritts von „Ist – Soll – Tun" (Boff 1984; Novy/Lengauer 2008): Eine fokussierte Analyse der aktuellen politökonomischen Situation (Abschnitt 1) und eine konkrete Utopie (Abschnitt 2) bilden den Ausgangspunkt für politische Handlungsstrategien in Abschnitt 3 (Fiori 1995: 11ff; Novy 2000; Jessop 2007: 133). Ich sehe ein *gutes Leben für alle* als „reale Möglichkeit der Geschichte" (Bloch 1959: 285), etwas, das machbar ist. Es ist eine Idee mit Vergangenheit, Gegenwart und Zukunft, die das „Morgen im Heute" (Bloch 1959: 1627) identifiziert. Sie kann handlungsleitend für ein europäisches Entwicklungsmodell im 21. Jahrhundert sein, wenn es um eine ökologisch sensible Transformation des europäischen Wohlfahrtskapitalismus geht (Novy 2012).

1. Die Dysfunktionalität des Neoliberalismus als Chance

Meine Konjunkturanalyse basiert auf der durchaus optimistischen Annahme, dass der Neoliberalismus zum Scheitern verurteilt ist. Er ist meines Erachtens deshalb zum Scheitern verurteilt, weil er anderen Formen von Kapitalismus, insbesondere reaktionären und progressiven Formen von Staatskapitalismus, unterlegen ist. Kapitalismus ist nun wahrlich keine moralische Ökonomie und weit davon entfernt, ein *gutes Leben für alle* zu ermöglichen. Kapitalismus gewinnt seine Kraft aus dem ständigen Streben, Mensch und Natur immer weitergehend verwertbar, das heißt „zu Geld" zu machen. Eben diese Trennung von ökonomischem Wert und moralischer Bewertung, von Tausch- und Gebrauchswert sowie von Wertebene und stofflicher Ebene gehört zum Wesen des imposanten kapitalistischen Fortschritts. Und gerade wenn wir Kapitalismus überwinden wollen, darf seine Fähigkeit zu Fortschritt auch im Sinne eines besseren Lebens nicht unterschätzt werden. Nur zu oft schöpfte kapitalistische Entwicklung ihre Dynamik aus jener mephistotelischen Macht, die stets das Böse will und doch auch Gutes schafft. Die Prioritäten sind allerdings klar: Solange der Kapitalkreislauf nicht stockt, sind Hunger und Klimawandel kein Sand im Getriebe einer Klassengesellschaft, die allfälligen Mangel „löst", indem die Zahl der Exkludierten steigt. Das ist auch die Fehleinschätzung von UmweltökonomInnen des Nordens, die die zugrunde liegenden Machtverhältnisse im gegenwärtigen Ressourcenverbrauch ausblenden: Unser Lebensstil ist noch einige Zeit aufrechterhaltbar, wenn nur ausreichend andere exkludiert werden können. Doch genau dies akzeptieren die Schwellenländer nicht länger.

Langfristig jedoch tendiert das Kapital dazu, bei fehlenden Begrenzungen seine eigenen systemrelevanten Grundlagen zu untergraben und autodestruktiv zu werden. Ökonomien allgemein und Kapitalismus damit ebenso benötigen gesellschaftliche Einbettung und gesellschaftliche Regulierung. Für Karl Polanyi (1978) sind es entfesselte Marktkräfte, die in den 1930er Jahren durch Faschismus, Kommunismus und Reformpolitik eingebettet wurden. Für John Maynard Keynes ist es der Finanz- und Rentierskapitalismus, dem staatliche Regelungen Grenzen setzen müssen. Marx geht einen Schritt weiter in der Kritik einer Produktionsweise, die zur privatisierten Aneignung kollektiv hergestellter Wertschöpfung führt. Er sieht die Notwendigkeit einer Transformation, die kein Zurück zu alten Formen der Einbettung ist, sondern ein Vorwärts zu einer Gesellschaft der Freien und Gleichen.

Seit Jahren weisen NeoliberalismuskritikerInnen (Brenner et al. 2005; Theodore/Peck 2012) auf die ideologische Beweglichkeit und den politischen Opportunismus neoliberalen Regierens hin. Sie sprechen deshalb von Neoliberalisierung als einem Prozess des fortgesetzten Krisenmanagements statt von Neoliberalismus als freihändlerischem, marktfreundlichem und anti-staatlichem Theoriegebäude. Trotz seiner Beweglichkeit erweist sich der Neoliberalismus als unfähig, soziale und territoriale Kohäsion und damit ein „spatial fix" (Harvey 1985) herzustellen. Es fehlt die Kohärenz von kurz- und langfristigen, privaten und öffentlichen Entscheidungen. Mit sinkender Kaufkraft am Binnenmarkt, fallender Rentabilität langfristiger Investitionen und abnehmender internationaler Wettbewerbsfähigkeit untergräbt der Neoliberalismus systemrelevante Grundlagen der Akkumulation. Hierin unterscheidet er sich nicht vom „entfesselten" liberalen Kapitalismus vor 1929: „We have always known that heedless self-interest was bad morals; we know now that it is bad economics. Out of the collapse of a prosperity whose builders boasted their practicality has come the conviction that in the long run economic morality pays" (Roosevelt 1937). Neoliberalismus ist auch innerhalb des Kapitalismus „bad economics" – das zeigte sich nicht nur in den 1920er Jahren, sondern erneut mit der neoliberalen Strukturanpassungspolitik in Lateinamerika in den 1980er und 1990er Jahren. Um die Abwertung der nationalen Währung zu verhindern und damit Vermögen zu sichern, braucht es – wie in Brasilien bis 1998 und in Argentinien bis 2001 – stagnationserzeugende Maßnahmen: hohe Zinsen, Senkung der Importe oder Reduktion von Löhnen und Staatsausgaben. Die damit verbundene Kaufkraftdrosselung senkt allerdings die Steuereinnahmen – und so führt neoliberale Austeritätspolitik in der Regel zu steigenden Budgetdefiziten. Außenwirtschaftliche Ungleichgewichte, Verlust von Marktanteilen und Rezession mit all dem damit verbundenen menschlichen Leid sind die Folge.

In Lateinamerika herrschte in den 1990er Jahren Katerstimmung. Der Wendepunkt kam 1998 mit dem Wahlsieg von Hugo Chávez. Die in der Folge in vielen Ländern an die Macht kommenden Reformregierungen stärkten den Binnenmarkt, festigten die nationale Souveränität über natürliche Ressourcen und weiteten soziale Dienstleistungen aus.

Diese Maßnahmen beflügelten das Wirtschaftswachstum, erleichterten die Budgetkonsolidierung und verringerten die außenwirtschaftlichen und finanziellen Abhängigkeiten, verschärften aber auch ökologische Konflikte durch eine Politik des Neoextraktivismus (Novy 2008). Die neuen Machthaber verwirklichten in Zeiten so genannter Globalisierung – unterstützt durch steigende Rohstoffpreise – eine Einbettung entfesselter Marktkräfte, die dem neoliberalen Kapitalismus selbst in Bezug auf jene Kennzahlen überlegen ist, an denen sich Neoliberale gerne messen: Wirtschaftswachstum, Wettbewerbsfähigkeit und Staatsverschuldung.

Europa hingegen leidet unter seinem Politikmodell der European Governance, einer weltweit einzigartigen Form geteilter Souveränität zwischen den Mitgliedsstaaten und den europäischen Institutionen. Die europäischen Nationalstaaten sind im Weltmaßstab zwar ökonomisch weiter bedeutsam, geographisch und demographisch aber Provinzen, und es erschwert Politiken autozentrierter Entwicklung, dass die jeweiligen Produktivsysteme und Finanzkapitalverflechtungen weit über die engen nationale Grenzen hinausgehen (vgl. Joachim Becker, Johannes Jäger und Rudy Weissenbacher in diesem Heft). In Europa könnte über Multilevel-Governance (Hooge/Marks 2010) im besten Fall ein auf mehreren Ebenen organisiertes Gemeinwesen konstituiert werden, das kontextangepasstes Wirtschaften und Leben ermöglicht. De facto herrscht ein durch „scalar mismatch" (Martinelli/Novy 2013: 311f) hervorgerufenes Kompetenzwirrwarr, das politisches Handeln erschwert: zentrale Geldpolitik und Fiskalregeln, dezentrale Vergabe der Mittel und nationale Sozial- und Umweltpolitik. Kein Territorium der Welt ist so nachhaltig und negativ von der 2008 einsetzenden Krise betroffen wie Europa. Diente die neoliberale Strategie ursprünglich bewusst der Aushöhlung politischer Gestaltungsräume (Apeldoorn et al. 2009), beobachten wir zurzeit eine Lähmung, die auch den Zerfall der EU möglich erscheinen lässt (Krastev 2013).

War die Krise nach 1929 eine systemische Krise, die aber die Hegemonie des nordatlantischen Kapitalismus bewahrte, so erschüttert die gegenwärtige Krise nicht nur die politökonomische, sondern auch die jahrhundertelange kulturelle Dominanz des Westens. Für Europa ist dies neu, denn über 500 Jahre profitierte der europäische Kapitalismus von seiner Außenorientierung (Missionierung, Kolonialisierung) und einer – wenngleich immer selektiven – Politik des freien Welthandels (klassischer Imperialismus oder moderne Formen von Good Governance). Über die letzten drei Jahrzehnte jedoch hat die mit Margaret Thatcher begonnene fortgesetzte Schwächung sowohl der industriellen Basis als auch der Massenkaufkraft die Wettbewerbsfähigkeit Europas nachhaltig untergraben und den Aufstieg Asiens beschleunigt (UNDP 2013).

Ohne auf die Einschätzung des chinesischen Entwicklungsweges im Detail einzugehen (Arrighi 2008; Dunford/Yeung 2010), scheint die Dynamik peripher-kapitalistischer Entwicklung ebenso wie die Erosion westlicher Hegemonie ungebrochen (Arrighi 2005a, 2005b). Heute gibt es in den Schwellenländern und den lateinamerikanischen Staaten den Willen, soziale und wirtschaftliche Entwicklung durch staatliche Steuerung zu lenken. Binnenmärkte wachsen, während sie in Europa schrumpfen. Infrastrukturen werden ausgebaut, während in Europa öffentliche Investitionen reduziert werden. Dies trifft mittlerweile auch Schlüsselindustrien wie die Software- und Automobilindustrie, deren Produktion und Verkauf zunehmend verlagert werden. Wäre der europäische und US-amerikanische Kapitalismus heute weltweit ähnlich dominant wie in den 1930er Jahren, wäre eine tiefe globale Depression wahrscheinlich. Da aber der Globale Süden die jahrhundertealte Hierarchie von Zentrum und Peripherie gerade verändert (UNDP 2013: 13), hält die Rezession im Norden an, ohne in eine globale Krise zu kippen.

Ich sehe keine Endkrise des Kapitalismus, sehr wohl aber eine tiefe, vielleicht finale Erschöpfung des europäischen Kapitalismus. Immer breitere Bevölkerungsgruppen und Kapitalfraktionen spüren die neoliberalen Dysfunktionalitäten. Die Vertiefung des europäischen Binnenmarktes hat vor allem die Wirtschaftskraft der Zentren, allen voran Deutschlands, aber auch Österreichs gestärkt. Das „Exportwunder" der einen entsprach vor 2008 weitgehend dem „Importrausch" der anderen. Nun ist zu beobachten, dass der Kaufkraftrückgang an der Peripherie Auswirkungen auf die Exportwirtschaft des Zentrums hat. So ist zu erwarten, dass die ungleiche Entwicklung im gesamten europäischen Produktivsystem, das heißt inklusive der exportorientierten Zentrumsökonomien, zu destruktiven Dynamiken führen wird. Nicht nur große Teile der Mittel- und Unterschichten in allen Teilen Europas, sondern auch kleinere Unternehmen, die vorrangig auf lokale und nationale Märkte ausgerichtet sind und außerdem unter dem erschwerten Zugang zu Krediten leiden, haben ein Eigeninteresse an einem Kurswechsel.

Dies führt zu zunehmend polarisierten Strategien. Zum einen gibt es die rechten Antworten, die die Lösung darin sehen, eine Exklusion bestimmter Bevölkerungsgruppen und Territorien zu akzeptieren oder sogar anzustreben. Das neoliberale Mainstream-Modell wird von einem sich kosmopolitisch legitimierenden Lager betrieben. Ihm geht es um die Schaffung eines europäischen Machtraums, der die Wirtschaftspolitik demokratischer Entscheidung entzieht (Krastev 2013). Dieses zentralisierte, europäische Wettbewerbsprojekt soll mit staatsähnlichen Strukturen seinen Ressourcenbedarf notfalls auch militärisch sicherstellen. Dabei wird akzeptiert, dass sich Muster ungleicher Entwicklung und Abhängigkeit innerhalb Europas verstärken. ProtagonistInnen dieses Lagers sind EU-Kommissionsvizepräsident Olli Rehn und der Chef der Europäischen Zentralbank Mario Draghi sowie die Mehrzahl der gegenwärtigen nationalen Regierungschefs. Da Neoliberalismus dysfunktional die eigenen Grundlagen, insbesondere den sozialen Zusammenhalt, untergräbt, hat sich in den letzten Jahren ein rechts-autoritäres Modell herausgebildet. Ungarns Premier Victor Orban setzt auf das klassische Territorialkonzept eines starken Nationalstaats, der seine Interessen gegen internationale Banken und Konzerne durchsetzt und gleichzeitig sozialen Zusammenhalt in Abgrenzung gegen „SozialschmarotzerInnen", Roma und Andersdenkende gewährt. Je nach Opportunität werden neoliberale oder keynesianische Politikelemente eingesetzt.

Auf der anderen Seite gibt es die europäische Linke mit drei Gruppierungen. Das größte Lager ist die reformistische, ökokeynesianische Strömung, bestehend im Wesentlichen aus SozialdemokratInnen, Grünen und einem Großteil der kosmopolitisch eingestellten Intellektuellen, die auf ökologische Modernisierung und Formen grünen Wachstums setzen. Demokratie, Sozialstaatlichkeit und Ökologisierung sollen europäisiert werden. Das zweite, ebenfalls parteipolitisch organisierte Lager ist eine EU-skeptische, eher etatistische und pro-sozialstaatliche Linke (holländische SozialistInnen, diverse Kommunistische Parteien). Das dritte Lager umfasst eine bewegungsorientierte und libertär-staatskritische Strömung, die grundlegende, über den Kapitalismus hinausgehende Veränderungen in Produktions- und Lebensweise anstrebt und dabei auch auf traditionelle Konzepte wie die Commons zurückgreift.

Diese Gruppierungen sind relativ abgeschottete Milieus mit wenig gemeinsamen taktischen und strategischen Zielsetzungen. Ein auf Sorge und Achtsamkeit aufbauendes solidarisch-ökologisches Modell des *guten Lebens für alle* könnte meines Erachtens Basis für eine milieuübergreifende Utopie sein, die gleichermaßen denjenigen, die im Bestehenden Verbesserungen anstreben, als auch denjenigen, die über kapitalistische Verwertung und eine auf Beschleunigung und Expansion ausgerichtete Lebensgestaltung hinausgehen wollen, Orientierung gibt.

2. Ein gutes Leben für alle

Jede Utopie, soll sie wirkmächtig werden, muss an konkrete Traditionen und Erfolge anschließen, sowie Potenziale des Bestehenden identifizieren, die über dieses aktuell Vorhandene hinausgehen (Hartwig 2007). Diese Kombination aus Tradition und Potenzial, diese konkrete Utopie ist für viele im andinen Amerika das *buen vivir*; in Europa ist es – so werde ich argumentieren – der demokratische Wohlfahrtsstaat. Dort und hier wird der „arbeitende, schaffende, die Gegebenheiten umbildende und überholende Mensch" zum Akteur, der „in der Zukunft verwirklicht, das allen in die Kindheit scheint und worin noch niemand war: Heimat" (Bloch 1959: 1628). Mit dem *guten Leben für alle* geht es nicht bloß um eine Akzentverschiebung vom Haben zum Sein, sondern um eine kollektive Strategie des Werdens und damit der Entfaltung der Potenziale für ein möglichst langes, kreatives, gesundes und gelungenes Leben für alle. Derartige Strategien sind von Ort zu Ort verschieden und erfordern neben Kreativität auch Organisierung und kollektives Handeln. In Lateinamerika kulminierte der Widerstand gegen Exklusion in politischen Allianzen und neuen gesellschaftlichen Mehrheiten. In Europa ist die politische Linke orientierungslos, nicht zuletzt deshalb, weil keine Einigkeit über die Ziele besteht. Ich schlage als Nah- und Fernziel gleichermaßen vor, die im Wohlfahrtsstaat des 20. Jahrhunderts angelegten Möglichkeiten zu verwirklichen. Meiner Einschätzung nach geht es heute in Europa um die Verteidigung und Weiterentwicklung von Demokratie und Wohlfahrtsstaat, basierend auf der Einsicht, dass wir dabei sind, etwas Wichtiges zu verlieren (Judt 2010: 221).

2.1 Gutes Leben

Ein gelungenes Leben anzustreben, hat in allen Kulturkreisen das Denken über Wirtschaft und Gesellschaft inspiriert. Mich interessieren in Fortführung der Überlegungen von Elisabeth Schmid in diesem Heft vor allem zwei Kulturkreise. In Europa dreht sich die Diskussion um die grundlegende Frage nach einem gelungenen Leben: Was sind „Maßstäbe und Kriterien gelingenden Lebens" (Rosa 2009: 90)? Wie viel ist genug (Skidelsky/Skidelsky 2012)? Wie wird ein gutes Leben möglich (Colson/Fickett 2005)? Referenz abendländisch-aufklärerischen Denkens ist hierbei Aristoteles, dessen Überlegungen von Amartya Sen und Martha Nussbaum aufgegriffen wurden und die – im Unterschied zum Liberalismus – von einer „substantiellen Vorstellung des Guten" ausgeht: Menschen sind nur insofern gleich, „wenn das Leben eines jeden mit Phantasie betrachtet wird und wenn als Folge, dessen jeder das erhält, was er oder sie braucht, um fähig zu sein, ein reiches und im vollen Sinne menschliches Leben zu führen, soweit es die natürlichen Möglichkeiten zulassen" (Nussbaum 1999: 45). Nussbaum (1999: 49-58) setzt an den „konstitutiven Bedingungen des Menschen" wie Sterblichkeit, Hunger und Verbundenheit mit anderen Menschen an. Sen orientiert sich mit seinem Fähigkeitenansatz an der Möglichkeit der Selbstentfaltung und der Befähigung, das eigene Leben in Freiheit gestalten, sprich wählen zu können (Sen 1999). In modernen Gesellschaften geht es um das gute Leben des Einzelnen, um „Autonomie und Authentizität, um die Möglichkeit, sich selbst treu zu bleiben" (Rosa 2009: 95), was private Interpretationen des guten Lebens befördert. Der westliche Individualismus entwickelte sich aber in einer durch scharfe Klassenhierarchien geprägten Zivilisation. Deshalb gab es für einige wenige immer das Privileg, dem jeweiligen Entwicklungsstand entsprechend gut zu leben. Doch dieses privatisierte gute Leben nur für eine Elite führt zu sozialen Auseinandersetzungen zwischen Privilegierten und Masse, was wie Richard Wilkinson und Kate Pickett (2010) gezeigt haben, auch die Lebensqualität der NutznießerInnen schmälert. Ein *gutes Leben für alle* braucht hingegen eine Vorstellung von gesellschaftlichem Zusammenhalt und ökologischer Einbettung, aus der heraus bestimmte Lebensstile und Produktionsmethoden gefördert, andere behindert werden (Skidelsky/Skidelsky 2012: 193).

Von besonderer Bedeutung für die aktuellen Diskussionen ist deshalb die aus Lateinamerika kommende Konzeption eines guten Lebens – im Spanischen *buen vivir*, auf Quechua *sumak kawsay* (Fatheuer 2011: 11; siehe auch Schmid in diesem Heft). Es ist dies eine Kosmovision, eine holistische, Mensch und Natur umfassende Weltanschauung, die von ihren VertreterInnen als Gegenkonzept zum westlich dominierten Konzept von Entwicklung verstanden wird (Gudynas 2012). *Buen vivir* präsentiert sich zumeist als Negation, als Abkehr von all dem, was Entwicklung bis jetzt gebracht hat (Acosta 2013). In dieser Lesart wäre Entwicklung gleichgesetzt mit kapitalistischem Fortschritt, Technologiegläubigkeit und kultureller Vereinheitlichung nach westlichem Zuschnitt (Escobar 2008). Entwicklung und Modernisierung – verkörpert im Straßenbau, in Kraftwerken und Bergbauprojekten – wäre dann das Gegenteil von *buen vivir*. „Buen Vivir ist scharf abgegrenzt von der Idee des *individuellen guten Lebens*. Es ist nur im *sozialen Zusammenhang* denkbar, vermittelt durch die Gemeinschaft, in der die Menschen leben" (Fatheuer 2011: 20, Herv.i.O.). Indem *buen vivir* die Schattenseiten materialistischer Modernisierung und fragmentierender Individualisierung betont, orientiert es den Widerstand der stark indigen geprägten, oftmals ländlichen Bevölkerung und der mit ihr verbundenen sozialen Bewegungen gegen den neoliberalen Kapitalismus.

Der Ansatz des *buen vivir* bleibt zwar unklar, was die konkreten Strategien des Übergangs vom Neoliberalismus zum guten Leben betrifft. Für mich besticht diese Utopie jedoch durch ihren Ansatz von unten, der sich aus kollektiven Erfahrungen und Kämpfen speist, durch eine holistische und ökologische Sichtweise als Korrektiv zum abendländischen Individualismus und durch die ausdrücklich kontextuelle Herangehensweise – drei Aspekte, die auch für europäische Utopieentwürfe wichtig sind, ohne einfach kopiert werden zu können.

2.2 Für alle

Noberto Bobbio hat eine einfache Unterscheidung von links und rechts vorgeschlagen: Die Rechten stehen für Freiheit, die Linken für Gleichheit, genauer gesagt für die gleiche Freiheit aller und damit für eine Betonung der Bedeutung von sozialen Rechten neben den klassischen Freiheitsrechten (Bobbio 1994: 82). Dies erinnert nicht nur an das liberale Konzept von Sen, sondern auch an Überlegungen von Karl Marx und Friedrich Engels

(1986: 69) zu der „freien Entwicklung eines jeden als Bedingung für die freie Entwicklung aller". Den Kern des *guten Lebens für alle* bildet demnach die Verbindung von Gleichheit und Freiheit – Gleichfreiheit (Balibar 1993) oder, anders gesprochen, Freiheit für alle (Lipietz 1998).

Das Motto der Regierung Luiz Inácio Lula da Silva war *Brasil para todos* – Brasilien für alle. Es ging Lula um nicht mehr und nicht weniger als der europäischen Sozialdemokratie im 20. Jahrhundert: allen, und nicht nur einem privilegierten Teil der Bevölkerung, die Absicherung vor Lebensrisiken und die Teilhabe an der kapitalistischen Konsumgesellschaft zu ermöglichen. Brasiliens Regierungen der letzten 10 Jahre, wie auch die meisten anderen Reformregierungen Lateinamerikas, betreiben eine Politik der Inklusion. Unabhängig von manchmal radikaler Rhetorik geht es um Staatskapitalismus – um eine bessere Form kapitalistischer Akkumulation. Dies bedeutet eine Fortsetzung einer ökologisch bedenklichen Politik des Extraktivismus und schließt nicht aus, dass – in Anlehnung an Gøsta Esping-Andersons Analyse der schwedischen Entwicklung – eine „happy bourgeoisie" fortbesteht (Esping-Andersen o.J.). Teile der UnternehmerInnenschaft profitieren massiv von dieser Politik – aber eben auch die aufstrebende Mittelschicht und vor allem die NiedriglohnbezieherInnen (Pochmann 2012). Die Einkommensungleichheit ist im gesamten Kontinent, im Unterschied zum Trend in den reichen Staaten, deutlich zurückgegangen (OECD 2011; Cornia 2012). Der Kern einer Politik „für alle" ist die Herstellung der Würde der bis vor kurzem Ausgeschlossenen und die Ermöglichung einer umfassenden Form von *cidadania* (Bürgerschaftlichkeit), die zu gesellschaftlicher Teilhabe über das Wählen hinaus führt. Doch gleichzeitig versucht der *Lulismo* (Singer 2009), Win-win-Situationen zu schaffen und so Polarisierungen und eine Radikalisierung der politischen Rechten zu verhindern.

Im Sinne der oben dargelegten Definitionen vom guten Leben beschränken sich in Lateinamerika für mich die Politikmodelle, die ein *gutes Leben für alle* anstreben, nicht auf den andinen Raum, wo der Naturbezug stärker ausgeprägt ist als im urbaneren Lateinamerika. Die Zielsetzung des brasilianischen Präsidenten Lula, für alle Menschen drei Mahlzeiten täglich zu ermöglichen, fällt ebenso unter dieses Modell wie die Alphabetisierungsprogramme der venezuelanischen Regierung Chávez. Lula und Chávez unterschieden sich in ihrer Wortwahl, ihren Taktiken und Strategien. Gemeinsam war ihnen, dass sie aus einfachen Verhältnissen kamen, Autodidakten waren, die Armen repräsentierten und – wie die europäische Sozialdemokratie – ökologische Themen als zweitrangig ansahen. Es gelangen ihnen jedoch Erfolge in Bereichen, die von lateinamerikanischen Strukturalisten als Voraussetzung eigenständiger Entwicklung angesehen werden (vgl. Beitrag von Karin Fischer in diesem Heft): eine mittlerweile selbst bei KritikerInnen unbestrittene Sozialpolitik, die den Binnenmarkt stärkt und die Handlungsspielräume im nationalen Produktivsystem ausweitet – bei Chávez durch die staatliche Kontrolle über den Schlüsselsektor Öl, bei Lula durch die Ausweitung der Infrastruktur und Ansätze einer eigenständigen Industrialisierung. Obwohl ihre Reformen verbesserte Lebenschancen für viele brachten – in Zeiten von „Postdemokratie" (Crouch 2004) vermeintlich eine Unmöglichkeit – sind beide Modelle nicht ohne Widersprüche und fragil, wie sich insbesondere nach dem Tod von Chávez zeigt und wie die Massenproteste in Brasilien während des Confederation-Cups 2013 demonstrieren.

Besonders hart kritisiert wird aus der internationalen Zivilgesellschaft und vom linksradikalen Rand des lateinamerikanischen Parteienspektrums die Umweltpolitik der Reformregierungen. Das unerwartet dynamische Erstarken des lateinamerikanischen Entwicklungsstaats hat in den Städten die perversen Effekte von Automobilisierung und unkontrollierter Immobilienwirtschaft verstärkt, auf dem Land wiederum intensivieren sich die Konflikte um Staudämme, Bahn- und Straßenprojekte und die ökologischen Verwüstungen durch Bergbau und Monokulturen. All dies bestärkt ökologische Kritik und macht das andine *buen vivir* für Teile der globalisierungskritischen Bewegung und der Umweltbewegung zur Realutopie für eine Post-Wachstumsgesellschaft. Ihre VertreterInnen fragen nach der Sinnhaftigkeit, einen Kuchen, der verdorben ist, gerecht zu verteilen. Wenn das höhere Gehalt sofort an den Zapfsäulen ausgegeben wird, sind dann Nulllohnrunden nicht besser fürs Klima? Die Wachstumskritik ist also gleichzeitig Fortschritts- und Zivilisationskritik, Kritik an Massenkultur und Konsumismus (Jackson 2009). Der europäische Konsumismus ist tatsächlich weder ökologisch nachhaltig noch mit weltweiter Gerechtigkeit vereinbar, denn Autobesitz und Fernreise sind nicht für alle sieben Milliarden Menschen möglich. Doch eine weitere, wesentliche Qualität des europäischen Lebensstils, der von den Reformregierungen aufgegriffen wurde, resultiert von einem öffentlichen Sektor, der die Lebenschancen verbessert und außerhalb kurzfristiger kapitalistischer Verwertungsinteressen organisiert ist: gute und kostenlose Bildung, Gesundheitsversorgung und Altersvorsorge für alle. Der folgende Abschnitt verallgemeinert den für die lateinamerikanische Auseinandersetzung zentralen Gegensatz von *gutem Leben für alle* und Neoliberalismus.

2.3 Polanyi oder Hayek?

Karl Polanyi (1978) kritisierte die zerstörerische Dynamik einer Marktgesellschaft, in der die sozialen und ökologischen Lebensgrundlagen durch freie Märkte zerstört werden. Seine Hoffnung setzte er in die erneute Einbettung ökonomischer Prozesse durch Reformpolitik. Für Friedrich August von Hayek (1978) dient der Neoliberalismus der Etablierung einer „Verfassung der Freiheit", die den Status Quo politischer und ökonomischer Macht stabilisiert. Die Wahl der Mittel erfolgte seit den 1970er Jahren in der Praxis durchaus opportunistisch: Bei Bedarf – wie in Chile unter Augusto Pinochet– diktatorisch, in anderen Fällen mit marktfreundlicher Regulierung oder aber Bankenrettungs- und Industriesubventionierungsprogrammen. Für David Harvey (2005) ist Neoliberalismus ideologischer „Klassenkampf von oben". Als politisches Projekt ist er vor allem *gegen* etwas gerichtet: gegen eine durch Menschen in einem bestimmten Territorium gestaltete, humane und gerechte Gesellschaft, wie sie zuerst in lokalen Experimenten und nach dem zweiten Weltkrieg im großen Stil als Wohlfahrtskapitalismus im Norden und nationalem Entwicklungsstaat im Süden umgesetzt wurde.

Beide, Karl Polanyi und Friedrich August von Hayek, waren beeindruckt vom Roten Wien der 1920er Jahre – für den einen ein Beispiel der Einbettung ökonomischer Prozesse, für den anderen ein Schritt in die Knechtschaft (Peck 2008: 9). Und wie halten wir es mit dem Roten Wien und dem Wohlfahrtsstaat als Versuche, ein *gutes Leben für alle* zu ermöglichen? Sind sie zentrale historische Bezugspunkte, positive Referenzen? Für die Rechte, sei es in der rechts-autoritären Variante oder im neoliberalen Mainstream, ist die Antwort klar: Ihr Projekt ist nur für wenige. Die Linke hingegen ist seltsam ambivalent, wie ich anhand des Journals für Entwicklungspolitik 3/2012, das sich ebenfalls dem Thema der Transformation widmet, beispielhaft zeigen möchte. So gibt es im Text von Birgit

Daiber (2012: 15) ein klares Bekenntnis zu Entwicklung und Wohlfahrtsstaat: „Making development possible requires a welfare state, a democratic state under the rule of law that is functional and powerful, and provides legal and civic security as well as access to the vital goods and services for the population." Daiber setzt damit den Rahmen für eine sozialökologische Transformation hin zu einem *guten Leben für alle*, das sich von rechten Ansätzen des Autoritarismus, der Exklusion und Privatisierung abgrenzt. Die weiteren Texte des Hefts schweigen jedoch über die Erfolge der Armutsbekämpfung und den beginnenden Aufbau wohlfahrts- und entwicklungsstaatlicher Strukturen in Lateinamerika. Vielmehr orten sie eine exzessive Staatszentrierung der traditionellen Linken, ein Ausblenden ökologischer Probleme und konstatieren eine „developmental illusion" (Svampa 2012: 52). Maristella Svampa (2012: 56) sympathisiert daher mit einem dritten Weg, der gleichermaßen den neoliberalen und den neoentwicklerischen „Commodities Consensus" (Svampa 2012: 55) ablehnt; Edgardo Lander (2012: 76) bezieht sich affirmativ auf Walter Mignolos Unterscheidung in „the left, the right, and the decolonial". Es bleibt nach einer eingehenden Kritik linker Realpolitik durch die lateinamerikanischen AutorInnen unklar, ob rechts und links noch relevante Kategorien sind. Auch die abschließenden Ausführungen von Ulrich Brand (2012a) bleiben abstrakt. Dies verwundert nicht, grenzt er sich doch explizit vom Konzept eines „grünen Sozialismus" ab (Candeias 2012), weil dieser Wohlfahrtsstaat und Fordismus nicht ausreichend problematisiert (Brand 2012b: 115). Brand spricht vom *American/European Way of Life* als „oligarchical mode of living" (Brand 2012a: 130) bzw. von der „imperialen Lebensweise" (Brand 2012a: 131), um zu benennen, wie sich Herrschaftsbeziehungen auch in Lebensstilen wiederfinden. Die ungleiche Entwicklung von Zentrum und Peripherie, mit der sich der lateinamerikanische Strukturalismus und die Dependenztheorie eingehend beschäftigen (vgl. den Beitrag von Fischer in diesem Heft), drückt sich auch in bestimmten Lebensweisen aus. Dem Konzept der „imperialen Lebensweise" fehlt aber der Bezug zu einer imperialen Produktionsweise, das heißt der kapitalistischen Weltwirtschaft mit ihrer aktuell auch EuropäerInnen zu VerliererInnen machenden Dynamik. So wird in allen Ländern der Welt von einzelnen „imperial", das heißt „über die Verhältnisse" gelebt. In Europa, wo das Erreichte erodiert, Abstiegsängste Realität werden und neoliberale EntscheidungsträgerInnen erneut eine Gesellschaft „für einige" schaffen, scheint das Konzept der „imperialen Lebensweise" zunehmend „fora do lugar" (Cardoso 1993), also unpassend. Richtet es sich nämlich – im Sinne der Kritik einer „Arbeiteraristokratie in den Zentren" – an die europäische Mittel- und Unterschicht, so produziert dies entweder ein schlechtes Gewissen aufgrund von Komplizenschaft oder bestärkt diejenigen konservativen UmweltökonomInnen, die meinen, alle EuropäerInnen hätten den Gürtel enger zu schnallen. Wenn imperiale Ausbeutungsverhältnisse thematisiert werden sollen, müsste das Konzept – von Lateinamerika lernend – an die in diesem Heft besprochenen Theoriestränge ungleicher Entwicklung anschließen und eine Analyse der konkreten politischen Situation vornehmen. So gilt es, bei allen internen Konflikten und Bruchlinien innerhalb der Linken nicht zu vergessen, dass die schärfsten und mächtigsten KritikerInnen der Reformregierungen – wenig überraschend – von rechts kommen: Die US-Außenpolitik finanziert die Opposition, die Medien kritisieren die Regierung und in Honduras und Paraguay waren Staatsstreiche schon erfolgreich. Vor Ort ist es eine mächtige Allianz traditioneller Akteure – insbesondere Medien, Agraroligarchie, Finanzkapital, Vermögensbesitzende und eine etablierte Mittelschicht mit ausgeprägtem Standesdünkel –, die Entwicklung wieder auf wenige beschränken wollen. Die mediale Strategie der Spaltung basiert auf der ständigen Doppelbotschaft, die Reformregierungen zum einen in die Nähe eines autoritären Etatismus zu rücken, zum anderen zu kritisieren, sie hätten sich korrupt ans bestehende neoliberale System angepasst.

Obwohl die Reformpolitik in Lateinamerika die kapitalistische Grundstruktur der Gesellschaften nur am Rande – z.B. in Bezug auf die Kontrolle über Bodenschätze und in Ansätzen eines öffentlichen Bankwesens – in Frage stellt, stößt sie trotzdem auf erbitterten und systematischen Widerstand der Eliten. Damit ist Lateinamerikas Linke der europäischen trotzdem um einen Riesenschritt voraus. In Europa fehlt selbst ein kohärentes Bündnis gegen neoliberale Politik, geschweige denn eine politische Bewegung für eine große Transformation. Im folgenden Schlusskapitel wird ein *gutes Leben nicht für wenige, sondern für alle* als utopischer Horizont vorgeschlagen, der all denen Orientierung geben kann, die sich an einer solchen ökologisch-solidarischen Suchbewegung beteiligen wollen.

3. Ein gutes Leben für alle: Von der Suchbewegung zum hegemonialen Projekt

Die Auseinandersetzung darüber, wer in Europa gut leben kann, ist seit langem umkämpft. Im 20. Jahrhundert erreichte die Arbeiterbewegung bei uns für die allermeisten die Teilhabe am bestehenden System. Das Rote Wien und viele andere Experimente auf lokaler und nationaler Ebene sind Teil dieser Geschichte sozialen Fortschritts. Im 21. Jahrhundert wird ein weiterer Schritt nötig sein, der gleichzeitig mutiger und bescheidener ist: Es gilt, das *gute Leben für alle* so zu organisieren, dass es mit den Lebenschancen zukünftiger Generationen, weltweiten Entwicklungschancen für alle und dem Erhalt eines vielfältigen Lebens auf diesem Planeten vereinbar ist. Dies bedeutet einen Systemwechsel, der nicht ohne Widerstand beharrender Kräfte durchsetzbar sein wird. Um so problematischer ist es, dass die Kräfte, die den Neoliberalismus ablehnen, ein Strategieproblem haben. Sozialdemokratie, Grüne und diverse Linksparteien praktizieren, wiewohl mit dem Bestehenden unzufrieden, oftmals Realpolitik ohne utopischen Horizont, die, weil ziellos, keine wesentlichen strukturellen Veränderungen bringt. In der Zivilgesellschaft hingegen träumen nicht wenige vom guten Leben, ohne sich für realpolitische Umsetzungen zu interessieren, und müssen feststellen, dass „machtfreie" Lebens- und Wirtschaftsbereiche für Kreativität, Subsistenz und Autonomie zunehmend autoritär eingeschränkt werden.

Gefragt ist stattdessen ein Sowohl-als-auch, eine „revolutionäre Realpolitik" (Haug 2007), die Verbesserungen innerhalb des Bestehenden sowie langfristige Veränderungen von Institutionen und Strukturen.

Eine große Transformation des Produzierens und Lebens ist ein hegemoniales Projekt, das drei wesentliche Fragen klären muss: Gibt es Gestaltungsmöglichkeiten und, wenn ja, auch einen Umsetzungswillen? Welche Bündnisse braucht es in Europa? Was sind die entscheidenden Ansatzpunkte dieser Transformation?

3.1 Gestaltbarkeit und Gestaltungswille

Jedes wirksame politische Projekt verändert Gesellschaft. Große Transformationen sind deshalb in erster Linie soziale Revolutionen, die Veränderung von Routinen, Arbeitsweisen und Einstellungen, die zu neuen

Lebens- und Produktionsweisen führen. Deshalb darf die Transformation der kapitalistischen Produktionsweise nicht als „großer Wurf", erzielbar durch eine politische Revolution gedacht werden (Singer 1998: 11). Vielmehr braucht es vielfältige soziale Innovationen, die mit dem Neuen experimentieren. Dies wird oftmals in selbstorganisierten Räumen als Hilfe zur Selbsthilfe angestoßen und ist eine gesellschaftliche Suchbewegung. Neben diesen gesellschaftlichen Initiativen braucht es ganz wesentlich auch die Transformation staatlicher Institutionen – Spitäler und Kindergärten, Schulen und Bahn, Altersheimen und Parks – in wirklich offene und öffentliche Einrichtungen, die von und für Menschen geschaffen werden. Damit alle Menschen gut leben können, braucht es diese Transformation des Staates in ein Gemeinwesen, das allen Zugang und Mitbestimmung ermöglicht.

Europa, ein strukturell auf Expansion ausgerichteter Kontinent, wäre damit vor besondere Herausforderungen gestellt: Es gelte, die Dynamik von Expansion, Wachstum und Beschleunigung einzubremsen und vermehrt das zu würdigen und zu nutzen, was dieser Kontinent an Ressourcen und menschlichen Fähigkeiten besitzt. Eine derartige, mehr an Suffizienz ansetzende Strategie kann von verschiedenen Ansätzen lernen: von dependenztheoretisch inspirierten Ansätzen einer „Self Reliance" und „autozentrierten Entwicklung" (siehe Fischer in diesem Heft), aber auch von der aktuellen Kritik an der „expansiven Moderne" (Welzer 2013: 58) bzw. einem neoliberalen Kapitalismus, in dem sich soziale Beschleunigung, fortgesetzte Aktivierung und die innere Landnahme durchsetzen (Dörre et al. 2009). Dies beinhaltet den Bruch mit dem Neoliberalismus und gleichzeitig einen utopischen Horizont: „Objektiv ist es für ‚reife' Kapitalismen an der geschichtlichen Zeit, zu einer nur mehr qualitativen, auf hochtechnologischen Bahnen wachsenden Reproduktionsökonomie überzugehen" (Haug 2012: 338).

Nach der Schwächung weltwirtschaftlicher Verflechtungen nach 1914 und insbesondere nach der Krise der 1930er Jahre kam es zu einer sozialen Einbettung kapitalistischer Marktwirtschaften, die mit ökologischer Entgrenzung einherging. Im Wohlfahrtskapitalismus war im nationalen Behälterraum die Kontrolle über Geld, Budget und Recht vereint, wodurch sich politischer und wirtschaftlicher Raum stärker überlappten. In Europa verdankte sich dies dem Krieg und dem breit getragenen Willen, nie wieder

Faschismus zu wiederholen. In den USA fanden schon ab den 1930er Jahren ähnliche Prozesse statt: Ein mutiger Präsident, der Druck der Straße und die Systemkonkurrenz mit der Sowjetunion ermöglichten den New Deal – eine Politik der Umverteilung, der Wirtschaftsplanung und der Kapitalverkehrskontrollen. Vor allem letzteres stärkte die nationale Handlungsfähigkeit, weil dadurch Kapitalflucht erschwert wurde. Auch Lateinamerika hat eine Tradition eigenständiger Politikgestaltung (siehe Fischer in diesem Heft). Das Ziel des lateinamerikanischen Strukturalismus waren schon seit den 1950er Jahren größere nationale Handlungsspielräume durch Stärkung des Binnenmarkts und Importsubstitution. Rohstoffexporte sollten zu Deviseneinnahmen führen, die eigenständige Industrialisierung ermöglichen. In den vergangenen zehn Jahren kam es zwar keineswegs zu einer Abkopplung vom Weltmarkt, sondern einem Neoextraktivismus (FDCL/RLS 2012). In Teilbereichen erfolgte trotzdem eine Rückgewinnung von Handlungsspielräumen. Beispiele sind die Beendigung der Dollarkopplung, die Reduktion der Außenschulden und der öffentliche Zugriff auf die natürlichen Ressourcen. Allen voran konnte sich Argentinien – im Unterschied zur gegenwärtigen Entwicklung in Südeuropa – mit einem Gewaltakt des Regierungswechsels, der Abwertung und der Schuldenreduktion in beachtlich kurzer Zeit aus der Depression befreien.

Doch diese Thematik prägt nicht die Diskussion europäischer Intellektueller über politische Gestaltungsmöglichkeiten. In Europa geht es vorrangig um die Frage von „Europäisieren oder Renationalisieren" und „Euroaustritt oder nicht". Dabei wird zumeist die Lösung in einer stärkeren politischen Integration gesehen (Beck 2012; Heise 2013), in weniger Nationalismus und „mehr Europa" – einem Nullsummenspiel nationaler und europäischer Zuständigkeit bei gleichbleibenden politischen Zielsetzungen. Doch ist es das europäische Spezifikum, dass politische Macht in einem „scalar mismatch" (Martinelli/Novy 2013: 311f) fragmentiert bleibt. Der in den letzten Jahren beschrittene Lösungsweg ist eine Multilevel-Governance, in der EU-Kommission und Europäische Zentralbank auf europäischer Ebene sowie Regierungschefs und Finanzministerien auf nationaler Ebene ihre Entscheidungen abgeschottet von öffentlichen Debatten und dem Zugriff parlamentarischer und anderer demokratischer Mitgestaltungsmöglichkeiten treffen (Oberndorfer 2013). Diese Strategie läuft – ohne es so zu benennen – auf die Bildung eines neuen, zunehmend autoritär geführten europäischen Machtbehälters hinaus, geographisch mit den USA, China, Russland und Indien vergleichbar. Die implizite Annahme ist, dass die getroffenen Entscheidungen bei klaren Entscheidungsstrukturen besser werden. Angesichts der gegenwärtigen Staatsstruktur in Europa mit seiner „strategischen Selektivität" (Jessop 2008) ist aber vor allem eine Verfestigung neoliberaler Institutionen und Strukturen zu erwarten.

Trotzdem bestehen innerhalb Europas auf allen Ebenen Gestaltungsräume. Statt einer verkürzten Diskussion darüber, welche räumliche Ebene die „beste" für progressive Politik ist, gilt es, die jeweiligen Potenziale jeder Steuerungsebene zu nutzen. Auf übergeordneter Ebene (Europa, Nation) müssen geeignete Rahmenbedingungen festgelegt werden, vor allem durch eine Geldpolitik und ein Finanzsystem, die gesellschaftlichen Zielen dienen und sich nicht einzig an Bankinteressen orientieren. Weiters braucht es konsequente Maßnahmen gegen Monopole und die Schaffung von Freiräumen für regionale und demokratische Experimente. Wie Keynes 1933 feststellte, ist Zivilisation die Befreiung von ökonomischen Zwängen: „Once we allow ourselves to be disobedient to the test of an accountant's profit, we have begun to change our civilisation" (zitiert in Skidelsky/Skidelsky 2012: 218). Wäre es heute in Europa nicht an der Zeit, von Lateinamerikas Verfassungsprozessen zu lernen? Gälte es nicht, die Oberziele „Wettbewerbsfähigkeit" und „Schuldenbremse" durch das Verfassungsziel eines *guten Lebens für alle* zu ersetzen? Auch wenn Verfassungen allein noch keine neuen Wirklichkeiten schaffen, wäre eine wesentliche Akzentverschiebung im Umgang mit der aktuellen Krise zu erwarten: weg vom Subventionieren von Banken hin zur Sorge um die explodierende Arbeitslosigkeit und die Zunahme von Säuglingssterblichkeit und Selbstmorden. All dies wäre noch nicht die große Transformation, aber der erste Schritt zu einem Übergang (*transition*) (NEF 2010).

Realpolitisch ist die Skepsis von Becker, Jäger und Weissenbacher (in diesem Heft), was die Umsetzbarkeit einer progressiven europäischen Strategie betrifft, nachvollziehbar: Ein ökosozialer Kurswechsel der EU hin zu einer gemischten Ökonomie, die Privatisierung und Liberalisierung nicht systematisch fördert, würde ähnlich radikale Veränderungen des europäischen Rechts- und Institutionengefüges notwendig machen, wie sie die Nationalstaaten nach 1918 und 1945 – das heißt nach einem langen Krieg und revolutionären Umbrüchen – durchlebten. Doch die

Geschichte kennt auch radikale Veränderungen ohne Krieg und Verwüstung. In Europa ereignete sich ein Systemwechsel nach 1989 ohne Gewalt und auch in Lateinamerika rechnete 1998 niemand mit einem Erodieren der 500-jährigen „Entwicklung der Unterentwicklung". Gerade deshalb stelle ich im Folgenden dem Pessimismus des Verstandes den Optimismus des Willens entgegen.

3.2 Gesellschaftliche Bündnisse

Der Suchbewegung für ein gutes Leben kann ein Optimismus nicht abgesprochen werden. Ein einendes Band derjenigen, die am guten Leben arbeiten, ist der Blick nach vorne: Die einen erzählen diverse „Gegengeschichten" einer neuen Elite (Welzer 2013: 254), andere gestalten die „Beziehungen zwischen der Wirklichkeit und der symbolischen Ordnung schöpferisch neu" (Knecht et al. 2013) und wieder andere sind AnhängerInnen des *buen vivir*, von Degrowth und der Commons-Bewegung. Die Begeisterung für das jeweils eigene Projekt kontrastiert mit einem fehlenden Interesse, die vielfältigen Initiativen zu einem Mosaik zusammenzuführen. Es fehlt ein hegemoniales Projekt, das nicht nur das Ziel – eine Gesellschaft jenseits des Neoliberalismus –, sondern auch die gemeinsamen Schritte und den Übergang zu dieser neuen Ordnung beschreibt.

Hegemonie, das heißt wirksame und dauerhafte Stabilisierung einer Gesellschaftsordnung, ist ein Machtprojekt – „für eine bestimmte Gesellschaft" und insbesondere „gegen eine bestimmte Ordnung". Sie muss Menschen überzeugen, begeistern und mobilisieren (Gramsci 1994). Um aber dauerhaft zu werden und sich zu institutionalisieren, braucht es immer auch einen Regierungswechsel. Anders als in den vergangenen 30 Jahren in Europa müsste dieser mit dem Willen zur Veränderung einhergehen, denn neoliberale Eliten treten nicht freiwillig ab. Das taten sie nicht in Lateinamerika, das werden sie auch in Europa nicht tun. Um die Macht der neoliberalen Eliten zu brechen, braucht es ein Bündnis aus sozialen und politischen Bewegungen, Gewerkschaften und Parteien. Dies war in Lateinamerika entscheidend im Kampf gegen die neoliberale Politik der 1980er und 1990er Jahre. Beispielhaft ist die brasilianische Landlosenbewegung, die ihre Autonomie gegenüber dem Staatsapparat und politischen Parteien wahrte, sich in entscheidenden Momenten aber immer auf die Seite der Reformregierung stellte (Stedile 2006; Loureiro/Novy 2012). Sie praktiziert Autonomie und solidarische Verbundenheit. Im andinen Raum war *buen vivir* am Beginn dieses Jahrhunderts so anerkannt, dass es mit qualifizierten Mehrheiten in Bolivien und Ecuador in den Verfassungsrang gehoben werden konnte.

Das lateinamerikanische Beispiel zeigt aber auch eine Gefahr in diesem Kampf für Veränderung: Kommt es zur Entfremdung von Regierenden und sozialen Bewegungen, gefährdet dies die Wirksamkeit beider. Ein aktuelles Beispiel ist in Brasilien die Massenmobilisierung gegen Fahrpreiserhöhungen, die einerseits erfolgreich war, andererseits zu einem massiven Popularitätsverlust der regierenden Arbeiterpartei PT geführt hat und Neoliberale und Konservative hoffen lässt, die jetzige Präsidentin Dilma Rousseff 2014 abzuwählen. Erfreulich ist, dass Rousseff die Demonstrationen begrüßte und die Anliegen der Bewegung, nämlich besseren öffentlichen Verkehr, bessere Gesundheitsversorgung und gute Bildung für alle, unterstützt. In anderen Ländern, insbesondere in Ecuador, scheint es hingegen zu einer nachhaltigen Entfremdung von Staat und Bewegung gekommen zu sein – und das schadet beiden.

In Europa ist nicht nur das Bündnis aus sozialen und politischen Bewegungen derzeit schwach. Auch die soziale Basis eines linken Projekts ist unklar. Demokratisch erfolgreich kann linke Reformpolitik nur mit einem Bündnis aus Mittel- und Unterschicht sein. In Europa haben insbesondere Sozialdemokratie und Grüne nur schwache Anbindung an die Unterschicht (Walter 2010a, 2010b). In weiten Teilen Europas, insbesondere Nordwesteuropa, ist die Mittelschicht aber zahlenmäßig weiterhin stark (Herrmann 2010). Die stockende neoliberale Akkumulation und die Umverteilung nach oben erhöhen für die Mittelschicht die Gefahr von Abstieg und Ausgrenzung. Die Krise des europäischen Produktionsmodells gefährdet die europäische Lebensweise, wie sie sich als Konsumismus und Sozialstaatlichkeit im 20. Jahrhundert entwickelt hat. Während die politische Rechte als Antwort offen Strategien „für wenige" propagiert und damit auch einen exkludierenden Umgang mit den physischen Grenzen praktiziert, zeichnet sich die politische Linke teilweise durch eine beachtliche Indifferenz gegenüber den Abstiegsängsten der EuropäerInnen aus, ihrem im Weltmaßstab „Leiden auf hohem Niveau". Die real existierenden EuropäerInnen erleben diese Entwicklungen aber ambivalent. Sie profitieren insbesondere von den billigen Importen von Konsumgütern. Doch sie leiden unter steigender Arbeitslosigkeit und gekürzten Sozialbudgets. Jedoch ist die Mittelschicht keine garantierte Bündnispartnerin eines *guten Lebens für alle*. Obwohl weite Teile der Mittelschicht ihre Existenz einem funktionierenden Sozialstaat verdanken, unterstützt ein Teil die Politik derjenigen, die substantielle Vermögen besitzen, das heißt das oberste Prozent bzw. die oberste Promille (Herrmann 2010). Drei Beispiele rund um das gute Leben veranschaulichen diese Ambivalenz der Mittelschicht: Sollen sie sich für gute öffentliche Schulen einsetzen oder sich nicht länger dafür interessieren, weil die eigenen Kinder schon in Privatschulen gehen? Sollen sie den Ausbau von öffentlichem Verkehr und Radfahrwegen unterstützen, auch wenn dies Annehmlichkeiten des Autofahrens einschränkt? Soll sie Vermögenssteuern und eine höhere Einkommenssteuerprogression unterstützen? Gerade hier bräuchte es eine Suchbewegung, Kreativität und Vernunft, damit die Antworten auf diese Fragen zu Lösungen „für alle" führen.

3.3 Ansatzpunkte für die große Transformation

Das vorgeschlagene hegemoniale Projekt basiert auf zumindest fünf Pfeilern, die auf verschiedenen räumlichen Ebenen unterschiedlich wirksam umgesetzt werden können: Erstens und grundsätzlich braucht es demokratisch verhandelte Prioritätensetzungen in einem sorgenden Staat basierend auf dem „nurturant parent model" (Lakoff 2008: 81). Dies beinhaltet ethische Bewertungen von Konsum und Produktion, ohne in planwirtschaftlichen Zwang zu verfallen (Skidelsky/Skidelsky 2012: 193). Ein demokratisches Gemeinwesen hat ja nicht nur das Recht, sondern die Aufgabe, eine ressourcenschonende, stärker regionalisierte Produktions- und Lebensweise zu institutionalisieren. Demokratische Budgeterstellungsprozesse können dies unterstützen, indem sie neue Prioritäten öffentlicher Mittelverwendung festlegen und dazu innovative Formen von Beteiligung und Wissen nutzen (Leubolt et al. 2009). Von entscheidender Wichtigkeit ist in Europa eine demokratische Debatte darüber, wie privater Reichtum für öffentliche Aufgaben genutzt werden kann.

Zweitens braucht es eine neue ökologisch-solidarische Produktionsweise mit ökologisch-sensiblen Hightech-Sektoren, einer neuen ökologischen Infrastruktur und dem großen Bereich der Sorge-Ökonomie. Alle diese Bereiche weisen mehr oder weniger starke Tendenzen zu Sozialisierung, Kleinräumigkeit und Mitsprache auf und erfordern massive staatliche Unterstützung: zur Koordinierung, Planung und Förderung von Kooperation. Das gilt nicht nur für das Internet und die Wissensökonomie, sondern auch für den Energiesektor. Doch nicht nur im Netz wird dieses Potenzial für Emanzipation und Ganzheitlichkeit immer auch von Staat und Kapital vereinnahmt. So wird erneuerbare Energie sowohl dezentral (wie mit vielfältigen Modellen von BürgerInnenkraftwerken und Energiegenossenschaften in Deutschland) als auch durch Konzerne zentralisiert (wie in England und Spanien) bereitgestellt (Haas/Sander 2013). Auch im Bildungs- und Pflegebereich stehen kommunale und öffentliche Anbieter, Freiwilligenarbeit, Solidarökonomie und Dritter Sektor neben rein kommerziellen Betrieben. Es wird an geschickten Rahmensetzungen und strategischen politischen Allianzen liegen, ob diese Zukunftsbranchen ihr progressives Potenzial „für ein gutes Leben" und „für alle" entfalten können.

Drittens geht es um neue Formen des Arbeitens. Die Vier-in-einem-Perspektive von Frigga Haug (2008) präsentiert ein feministisches Modell des Arbeitens, ausgehend von einer radikalen Lohnarbeitszeitverkürzung und einer neuen Balance des Arbeitens: vier Stunden pro Tag Erwerbsarbeiten, vier Stunden mit sozialer, politischer und Eigenarbeit, sprich Tätigkeiten für sich selbst, verbringen. Dies revolutioniert den Leistungsbegriff, denn „LeistungsträgerInnen", die 60 Stunden erwerbstätig sind, entpuppen sich in diesem Modell als MinderleisterInnen in der Pflege alter Menschen, der ehrenamtlichen Tätigkeit bei der Feuerwehr oder der Mitarbeit in NGOs und Parteien. Sorgearbeit wird aufgewertet, Arbeit wird gerecht verteilt und ist gleichzeitig sinn- und lustvoll.

Viertens braucht es eine gute öffentliche Infrastruktur und öffentliche Dienstleistungen für Bildung, Gesundheit, Pflege, Wohnen, öffentlichen Verkehr und öffentliches Kreditwesen. Eine qualitativ hochwertige Reproduktionsökonomie beinhaltet ein öffentliches Angebot an Freizeitmöglichkeiten, wie Naturräume, Sport- und Kulturangebote, die die hohen finanziellen und ökologischen Kosten der Erholungssuche in der Ferne verringern. Zu diesen Angeboten gehören weiters Infrastrukturunternehmen in kommunaler und öffentlicher Hand, die Ausweitung der Commons, lokale Genossenschaftsbanken und öffentliche Banken.

Fünftens geht es um eine Prioritätenumkehr weg von der neomerkantilistischen Außenorientierung, deren wirtschaftspolitisches Oberziel ist, Exportüberschüsse zu erzielen. Dies führt zu sozialer Beschleunigung durch ständig verschärfte Konkurrenz, die keine Zeit lässt, sich mit dem eigentlichen Ziel von Entwicklung, eben dem guten Leben, zu beschäftigen. Eine Stärkung und Ausweitung des Binnenmarkts und der Eigenständigkeit bedeutet keine Abschottung vom Weltmarkt, sondern eine bewusste Gestaltung der Weltmarktintegration Europas, einhergehend mit selektiven Schutzmechanismen, die ökologisch und sozial wichtige Industriesektoren stärken und ressourcensparende, kleinräumige und nicht-kommerzielle Lebens- und Arbeitsformen ermöglichen. Das sind vor allem Zölle, die Sozial- und Umweltdumping durch Konzerne verhindern, und Kapitalverkehrskontrollen. Eine regionale Kreislaufwirtschaft entsteht nicht ohne politische Unterstützung. Selektive Gestaltung der Weltmarktintegration unter Berücksichtigung ökologischer Grenzen ist die Vollendung eines historischen Projekts der demokratisch organisierten Einbettung der Ökonomie in Gesellschaft und Natur (Lipietz 1998).

Sich auf diese Aufgaben im eigenen Haus Europa zu konzentrieren, wäre der wichtigste Beitrag Europas zur Weltentwicklung. Das ist schon ambitioniert, hat dieser Kontinent doch in seiner expansiven Geschichte dem Rest der Welt – neben technischem und sozialem Fortschritt – viel Leid, Krieg und Ausbeutung gebracht. Statt die abnehmende Bedeutung am Weltmarkt mit unwirksamen Mitteln zu bekämpfen, ginge es darum, die Herausbildung einer wahrhaft multipolaren Welt zur Kenntnis zu nehmen und sich den Aufgaben zuzuwenden, die sich bei uns aus Überfluss und Ungleichheit ergeben. Im besten Fall könnten sich in einem politisch unterstützten Suchprozess solidarische und ökologische Alternativen für *gutes Leben in Europa und weltweit* entwickeln. Vielleicht findet Europa so eine neue Rolle als Partnerin für globale Verantwortung.

Literatur

Acosta, Alberto (2013): Vom guten Leben. Der Ausweg aus der Entwicklungsideologie. In: Blätter für deutsche und internationale Politik 2/2013, 91-97.

Apeldoorn, Bastiaan van/Drahokoupil, Jan/Horn, Laura (Hg., 2009): Contradictions and limits of neoliberal European Governance. Hampshire: Palgrave Macmillan.

Arrighi, Giovanni (2005a): Hegemony unravelling – 1. In: New Left Review 32, 23-80.

Arrighi, Giovanni (2005b): Hegemony unravelling – 2. In: New Left Review 33, 83-116.

Arrighi, Giovanni (2008): Adam Smith in Beijing – Lineages of the Twenty-First Century. London: Verso.

Balibar, Étienne (1993): Die Grenzen der Demokratie. Hamburg: Argument.

Beck, Ulrich (2012): Das europäische Europa. Neue Machtlandschaften im Zeichen der Krise. Berlin: Suhrkamp.

Bloch, Ernst (1959): Das Prinzip Hoffnung. Frankfurt am Main: Suhrkamp.

Bobbio, Norberto (1994): Rechts und Links. Gründe und Bedeutungen einer politischen Unterscheidung. Berlin: Wagenbach.

Boff, Clodovis (1984): Theologie und Praxis. Die erkenntnistheoretischen Grundlagen der Theologie der Befreiung. München: Kaiser.

Brand, Ulrich (2012a): Green Economy and Green Capitalism: Some Theoretical Considerations. In: Journal für Entwicklungspolitik 28 (3), 118-137.

Brand, Ulrich (2012b): Semantiken radikaler Transformation. In: Luxemburg. Gesellschaftsanalyse und linke Praxis 3/2012, 112-117.

Brenner, Neil/Peck, Jamie/Theodore, Nik (2005): Neoliberal urbanism: cities and the rule of markets. DEMOLOGOS WP1 Discussion Papers. http://demologos.ncl.ac.uk/wp/wp1/disc.php, 29.7.2013.

Candeias, Mario (2012): Was ist sozialistisch am grünen Sozialismus? In: Luxemburg. Gesellschaftsanalyse und linke Praxis 3/2012, 6-15.

Cardoso, Fernando Henrique (1993): As Idéias e seu Lugar. Petrópolis: Vozes.

Colson, Charles W./Fickett, Harold (2005): The good life. Wheaton: Tyndale House.

Cornia, Giovanni Andrea (2012): Inequality Trends and their Determinants – Latin America over 1990–2010. In: Working Paper 2012/09. http://www.wider.unu.edu/stc/repec/pdfs/wp2012/wp2012-009.pdf, 17.6.2012.

Crouch, Colin (2004): Post-Democracy. Cambridge: Polity Press.

Daiber, Birgit (2012): Contradictory Transitional Experiences of Progressive Governments in Latin America: The Context of this Special Issue. In: Journal für Entwicklungspolitik 28 (3), 7-15.

Dörre, Klaus/Lessenich, Stephan/Rosa, Hartmut (Hg., 2009): Soziologie – Kapitalismus – Kritik. Eine Debatte. Frankfurt am Main: Suhrkamp.

Dunford, Michael/Yeung, Godfrey (2010): Towards global convergence: Asian dynamism and the elusive quest for western growth from the Fordist to the financial crisis and after. http://www.geog.sussex.ac.uk/research/eggd/ege/pdf/Towards_global_convergence.pdf, 19.3.2011.

Escobar, Arturo (2008 [1992]): Die Hegemonie der Entwicklung. In: Fischer, Karin/Hödl, Gerald/Sievers, Wiebke (Hg.): Klassiker der Entwicklungstheorie. Wien: Mandelbaum, 263-279.

Esping-Andersen, Gøsta (o.J.): Equality with a Happy Bourgeoisie. The Social Democratic Road to Equality. http://dcpis.upf.edu/~gosta-esping-andersen/materials/equality.pdf, 22.3.2013.

Fatheuer, Thomas (2011): Buen Vivir. Eine kurze Einführung in Lateinamerikas neue Konzepte zum guten Leben und zu den Rechten der Natur. Schriften zur Ökologie 17. Berlin: Heinrich Böll Stiftung.

FDCL/RLS (Hg., 2012): Der neue Extraktivismus. Eine Debatte über die Grenzen des Rohstoffmodells in Lateinamerika. Berlin: FDCL.

Fiori, José Luís (1995): O vôo da coruja. Uma leitura não-liberal da crise do estado desenvolvimentista. Rio de Janeiro: EdUERJ.

Gramsci, Antonio (1994): Gefängnishefte, Band 6. Hamburg: Argument.

Gudynas, Eduardo (2012): Buen Vivir. Das gute Leben jenseits von Entwicklung und Wachstum. Berlin: Rosa Luxemburg Stiftung.

Haas, Tobias/Sander, Hendrik (2013): „Grüne Basis". Grüne Kapitalfraktionen in Europa – eine empirische Untersuchung. Berlin: Rosa Luxemburg Stiftung.

Hartwig, Mervin (2007): concrete utopianism. In: Hartwig, Mervin (Hg.): Dictionary of Critical Realism. Oxon: Routledge, 74-75.

Harvey, David (1985): The Geopolitics of Capitalism. In: Gregory, Derek/Urry, John (Hg.): Social Relations and Spatial Structures. London: Macmillan, 128-163.

Harvey, David (2005): A Brief History of Neoliberalism. Oxford: Oxford University Press.

Haug, Frigga (2007): Rosa Luxemburg und die Kunst der Politik. Hamburg: Argument.

Haug, Frigga (2008): Die Vier-in-einem-Perspektive: Politik von Frauen für eine neue Linke. Hamburg: Argument.

Haug, Wolfgang Fritz (2012): Hightech-Kapitalismus in der großen Krise. Hamburg: Argument.

Hayek, Friedrich August (1978): The Constitution of Liberty. Chicago: University of Chicago Press.

Heise, Arne (2013): Auf den Ruinen des Neoliberalismus. In: Blätter für deutsche und internationale Politik 3/2012, 33-36.

Herrmann, Ulrike (2010): Hurra, wir dürfen zahlen. Der Selbstbetrug der Mittelschicht. Frankfurt am Main: Westend.

Hooge, Liesbet/Marks, Gary (2010): Types of multi-level governance. In: Enderlein, Henrik/Wältli, Sonja/Zürn, Michael (Hg.): Handbook of Multi-level Governance. Cheltenham: Edward Elgar, 17-31.

Jackson, Tim (2009): Prosperity without growth – Economics for a finite planet. London: Earthscan.
Jessop, Bob (2007): Kapitalismus – Regulation – Staat. Hamburg: Argument.
Jessop, Bob (2008): State Power – A strategic-relational approach. Cambridge: Policy Press.
Judt, Tony (2010): Ill fares the land. London: Penguin Group.
Knecht, Ursula/Krüger, Caroline/Markert, Dorothee/Moser, Michaela/Mulder, Anne-Claire/Praetorius, Ina/Roth, Cornelia/Schrupp, Antje/Trenkwalder-Egger, Andreas (2013): ABC des guten Lebens. Rüsselsheim: Christel Göttert.
Krastev, Ivan (2013): Die Logik des Zerfalls. Demokratie und die Krise der europäischen Demokratie. In: Transit – Europäische Revue 43, 6-16.
Lakoff, George (2008): The Political Mind. A Cognitive Scientist's Guide to Your Brain and Its Politics. New York: Penguin.
Lander, Edgardo (2012): The State in the Current Processes of Change in Latin America: Complementary and Conflicting Transformation Project in Heterogeneous Societies. In: Journal für Entwicklungspolitik 28 (3), 74-94.
Leubolt, Bernhard/Novy, Andreas/Becker, Joachim (2009): Changing Patterns of Participation in Porto Alegre. In: International Social Science Journal 59 (193-194), 435-448.
Lipietz, Alain (1998): Grün – Die Zukunft der politischen Ökologie. Wien: Promedia.
Loureiro, Isabel/Novy, Andreas (2012): Landlosenbewegung. In: Haug, Wolfgang Fritz/Haug, Frigga/Jehle, Peter/Küttler, Wolfgang (Hg.): Historisch-Kritisches Wörterbuch des Marxismus, Band 8. Hamburg: Argument, 649-664.
Martinelli, Flavia/Novy, Andreas (2013): Urban and regional development trajectories between path-dependency and path-shaping: structures, institutions, discourses and agency in contemporary capitalism. In: Martinelli, Flavia/Moulaert, Frank/Novy, Andreas (Hg.): Urban and Regional Development Trajectories in Contemporary Capitalism. Oxon: Routledge, 284-315.
Marx, Karl/Engels, Friedrich (1986): Manifest der Kommunistischen Partei. MEW 4. Berlin: Dietz, 459-493.
NEF (2010): The Great Transition. A tale of how it turned out right. London: NEF.
Novy, Andreas (2000): Wird alles anders? Überlegungen zu Krise und Beharrung. In: Kurswechsel 4/2000, 6-20.
Novy, Andreas (2008): Die Rückkehr des Entwicklungsstaates in Brasilien. In: Das Argument 50 (276), 361-373.
Novy, Andreas (2012): Preliminary Reflections on an eco-social civilisation model for the 21st century. In: Ensaios FEE 33 (1), 27-44.
Novy, Andreas/Lengauer, Lukas (2008): Analysing development to shape the future. SRE-Discussion Paper 2008/07. http://iir-hp.wu-wien.ac.at/sre-disc/sre-disc-2008_07.pdf, 21.3.2013.
Nussbaum, Martha C. (1999): Gerechtigkeit oder Das gute Leben. Frankfurt am Main: Suhrkamp.

Oberndorfer, Lukas (2013): Vom neuen, über den autoritären, zum progressiven Konstitutionalismus? Pakt(e) für Wettbewerbsfähigkeit und die euroOECD (2011): Divided we stand: Why inequality keeps rising. Paris: OECD.

Peck, Jamie (2008): Remaking laissez-faire. In: Progress in Human Geography 32 (1), 3-43.

Pochmann, Márcio (2012): Nova Classe Média? O trabalho na base da piramide social brasileira. São Paulo: Boitempo.

Polanyi, Karl (1978): The Great Transformation. Politische und ökonomische Ursprünge von Gesellschaften und Wirtschaftssystemen. Frankfurt am Main: Suhrkamp.

Roosevelt, Franklin D. (1937): Second Inaugural Speech. http://en.wikisource.org/wiki/Franklin_Roosevelt%27s_Second_Inaugural_Address%3E, 29.7.2013.

Rosa, Hartmut (2009): Kapitalismus als Dynamisierungsspirale – Soziologie als Gesellschaftskritik. In: Dörre, Klaus/Lessenich, Stephan/Rosa, Hartmut (Hg.): Soziologie – Kapitalismus – Kritik. Eine Debatte. Frankfurt am Main: Suhrkamp, 87-125.

Sen, Amartya (1999): Development as Freedom. Oxford: Oxford University Press.

Singer, André (2009): Raizes Sociais e ideológicos do Lulismo. In: Novos Estudos CEBRAP 85, 83-102.

Singer, Paul (1998): Uma utopia militante. Petropolis: Editora Vozes.

Skidelsky, Robert/Skidelsky, Edward (2012): How much is enough? Money and the good life. New York: Other Press.

Stedile, João Pedro (2006): Sair da crise com a energia do povo. In: Guimarães, Juarez (Hg.): Leituras da crise: Diálogos sobre o PT, a democracia Brasileira e o socialismo. São Paulo: Fundação Perseu Abramo, 141-191.

Svampa, Maristella (2012): Resource Extractivism and Alternatives: Latin American Perspectives on Development. In: Journal für Entwicklungspolitik 28 (3), 43-73.

Theodore, Nik/Peck, Jamie (2012): Framing neoliberal urbanism: Translating „commonsense" urban policy across the OECD zone. In: European Urban and Regional Studies 19 (1), 20-41.

UNDP (2013): The Rise of the South: Human Progress in a Diverse World. Human Development Report 2013. New York: UNDP.

Walter, Franz (2010a): Geld oder Grün? Kleine Parteiengeschichte der besserverdienenden Mitte in Deutschland. Bielefeld: transcript.

Walter, Franz (2010b): Vorwärts oder abwärts? Zur Transformation der Sozialdemokratie. Berlin: Suhrkamp.

Welzer, Harald (2013): Selbst Denken. Eine Anleitung zum Widerstand. Frankfurt am Main: Fischer.

Wilkinson, Richard/Pickett, Kate (2010): The Spirit Level – Why equality is better for everyone. London: Penguin Books.

Abstracts

Der Artikel untersucht Möglichkeiten eines öko-solidarischen Entwicklungsmodells für Europa unter Rückgriff auf lateinamerikanische Theorien und Erfahrungen. Die Argumentation erfolgt gemäß des didaktischen Dreischritts von Ist-Soll-Tun. In einem ersten Schritt wird die spezifisch dysfunktionale neoliberale Regulation in Europa analysiert, die Chancen für emanzipatorische Strategien eröffnet. In einem zweiten Schritt wird das gute Leben für alle als konkrete Utopie vorgestellt, die aus Lateinamerika inspiriert ist. Diese Utopie polarisiert Bewegungen, Klassen und Lösungsansätze vor allem dann, wenn es um die Entscheidung geht, ob das gute Leben „für wenige" oder „für alle" verwirklicht werden soll. In einem dritten Schritt werden die Herausforderungen für eine pluralistische Suchbewegung, die eine große Transformation umsetzen soll, untersucht.

This article analyses the potentialities of an eco-solidarian development model for Europe by mobilising theories and experiences from Latin America. The argument is based on a didactical analysis in three parts: Is-Shall-Do. In a first step, the dysfunctional neoliberal regulation in Europe will be analysed. In a second step, the good life for all is presented as a concrete utopia, inspired from Latin America. This utopia polarizes movement, classes und proposals especially with respect to a decision on whether the good life shall be realized „for the few" or „for all". In a third step, the challenges for a pluralistic search movement to implement this great transformation will be analysed.

Andreas Novy
Institut für Regional- und Umweltwirtschaft
Wirtschaftsuniversität Wien
andreas.novy@gbw.at

Andrea Fischer-Tahir, Matthias Naumann (Hg.): Peripheralization. The Making of Spatial Dependencies and Social Injustice. Wiesbaden: Springer VS 2013, 320 Seiten, 39,95 Euro.

Peripherialisierung ist der Leitbegriff einer neuen Generation geographischer, soziologischer und politikwissenschaftlicher Analysen räumlich ungleicher kapitalistischer Entwicklung, die – gegenüber dem konventionellen Begriffspaar Zentrum/Peripherie – die Aufmerksamkeit vor allem auf die Prozessdimension lenken. Der vorliegende Band geht auf einen Workshop im Rahmen der 6. Internationalen Konferenz Kritischer Geographie 2011 in Frankfurt am Main zurück. Seine Ziele bestimmen die HerausgeberInnen als: die Transformation des Begriffs der Peripherialisierung vom Schlagwort zum analytischen Konzept; die Verbindung von Arbeiten zu konkreten Peripherialisierungsprozessen mit existierenden theoretischen Debatten; die Öffnung für andere theoretische Diskussionen und schließlich die Re-Politisierung von Debatten über regionalen Abstieg und räumliche Differenzierungen (S. 21f).

Den Prozess der Peripherialisierung beschreiben Andrea Fischer-Tahir und Matthias Naumann, unter Bezugnahme auf die marxistische Humangeographie, als Resultat der kapitalistischen Gesellschaften eigenen Logik ungleicher Entwicklung – die wiederum konkretisiert wird durch jeweils spezifische Investitionsentscheidungen und politische Entscheidungsfindungen, soziale Repräsentationen und verräumlichte Lebensweisen (S. 18). Auf Grundlage der im Buch versammelten Fallstudien schlagen sie eine Systematisierung nach Dimensionen und Skalen vor. Peripherialisierung beinhaltet demnach unter anderem Abwanderungsprozesse, das Anwachsen von Armut sowie von politischer und ökonomischer Abhängigkeit, den Abbau und die graduelle Abkopplung von infrastrukturellen Netzwerken, soziale Marginalisierung und Stigmatisierung und in der Konsequenz den Verlust von Lebenschancen. Peripherialisierungsprozesse lassen sich von der globalen bis auf die urbane Ebene verzeichnen (S. 20f).

Dementsprechend vielgestaltig sind die im Band versammelten Beiträge. Der erste Teil – *Peripheralization and Development* – enthält vorrangig historisch angelegte Untersuchungen zur türkischen Modernisierung (Eren Düzgün), zum indischen Entwicklungsstaat (Benjamin Zachariah) und zur Versicherheitlichung und Entwicklung im nordöstlichen Pakistan (Antía Mato Bouzas). Im folgenden Abschnitt – *Peripheralization and Regional Decline* – finden sich Fallstudien zur Peripherialisierung ländlicher Räume im post-sozialistischen Ungarn (Tim Leibert), zur Entkopplung städtischer und ländlicher Entwicklung im kurdischen Teil Iraks (Arian Mahzouni), zur infrastrukturellen Dimension der Peripherialisierung am Beispiel des ostdeutschen Uecker-Randow-Kreises (Matthias Naumann, Anja Reichert-Schick), zur sozio-kulturellen Stigmatisierung im sachsen-anhaltinischen Sangerhausen (Thomas Bürk), zu den Peripherialisierungseffekten des Schengener Abkommens für die EU-Grenzzonen (Kristine Müller), zu den subjektformierenden Auswirkungen der Peripherialisierung (Frank Meyer, Judith Miggelbrink) und zur Konzeptualisierung regionaler Peripherialisierung (Thilo Lang). Der dritte Teil – *Peripheralization and Urban Fragmentation* – versammelt schließlich Analysen zur queeren Stadtbürgerschaft im Kontext urbaner Peripherialisierung in der brasilianischen Baixada de Fluminense (Jan Simon Hutta), zu sozialem Wohnungsbau und urbaner Fragmentierung am Beispiel zweier nordostbrasilianischer Städte (Doralice Sátyro Maia) und zur Krise rumänischer Kleinstädte (Alexandru Bănică, Marinela Istrate, Daniel Tudora). Er schließt ab mit einem Literaturüberblick zu Peripherialisierungskonzepten in Geographie, Soziologie und Politikwissenschaft sowie zum Stand und zu den Defiziten der mit ihnen verbundenen Forschung (Manfred Kühn, Matthias Bernt).

Der vorliegende Band ist in vielfacher Hinsicht innovativ und markiert wichtige Erkenntnisgewinne gegenüber etablierten Forschungsperspektiven. Dies betrifft insbesondere die Reorientierung der konzeptuellen und empirischen Aufmerksamkeit auf die Herstellung und fortwährende Reproduktion peripherer Zonen auf unterschiedlichen Maßstabsebenen, was zugleich eine Entnaturalisierung von sozio-räumlicher Ungleichheit impliziert. Zugleich bleibt der Sammelband aber in etlichen Punkten hinter seinen selbstgesteckten Zielen zurück. So gelingt die Konkretisierung des Peripherialisierungskonzepts vom sozialwissenschaftlichen Großbegriff zum heuristisch-analytischen Instrument nur im Ansatz. Dafür sind die den einzelnen Fallstudien zugrunde liegenden theoretischen Überlegungen zu punktuell und die empirischen Untersuchungen selbst zu disparat. Eine ausführlichere theoretische Auseinandersetzung mit dem Konzept und seiner analytischen Operationalisierung wäre wünschenswert gewesen. Beispielsweise hätten die mehrfach zitierten, aber kaum systematisch rezipierten Dependenzansätze zur Behebung des von Kühn und Bernt angesprochenen Defizits im Akteursverständnis der Peripherialisierungsforschung beitragen können. So bleibt es bei einem vielversprechenden Ansatz zur Weiterentwicklung der Agenda kritischer Forschung zu räumlich ungleicher kapitalistischer Entwicklung, der aber weiterer Systematisierung und Konkretisierung bedarf. Aufgrund seines konzeptuell und empirisch innovativen Charakters ist der Band kritischen GeographInnen und SozialwissenschaftlerInnen im Allgemeinen dennoch ohne Vorbehalt zu empfehlen.

MATTHIAS EBENAU

Ulrich Brand, Isabella Radhuber, Almut Schilling-Vacaflor (Hg.): **Plurinationale Demokratie in Bolivien. Gesellschaftliche und staatliche Transformationen.** Münster: Westfälisches Dampfboot 2012, 388 Seiten, 34,90 Euro.

Die Einschätzungen der aktuellen, von progressiven Regierungen in Lateinamerika vorangetriebenen Entwicklungsmodelle sind sehr kontrovers. Die jüngste Zuspitzung ist die Ankündigung des ecuadorianischen Präsidenten Rafael Correa, das ökologisch hochsensible Yasuní-Gebiet für die Ölförderung zu öffnen. In Bolivien kam es Mitte 2012 zu einem Konflikt um den Erhalt des indigenen Territoriums „Nationalpark Isiboro Sécure" (TIPNIS) im bolivianischen Tiefland, in dem auch unterschiedliche Entwicklungsvorstellungen aufeinander prallten. Wie sind also die Veränderungen in den Ländern mit progressiven Regierungen einzuschätzen?

Der Sammelband *Plurinationale Demokratie in Bolivien* verfolgt das wichtige Anliegen, bolivianische Debatten und Analysen über den „proceso de cambio" auch auf Deutsch zugänglich zu machen. Verschiedenste AutorInnen analysieren in historischen und aktuellen Beiträgen die Voraussetzungen, Bedingungen und Ausgestaltungen des Transformationsprozesses, der durch das „Öffnen politischer Horizonte" (Chávez/Mokrani) mit den indigenen Märschen ab 1990 und dem „Wasserkrieg" 2000 ermöglicht wurde. Insbesondere seit dem Amtsantritt von Evo Morales gibt es zwar eine Vielzahl an deutschsprachigen Publikationen über Bolivien, aber selten kommen bolivianische AutorInnen selbst zu Wort. Anders im vorliegenden Buch, das eine Fülle an theoretischen Zugängen bietet, in dessen Zentrum die Dekolonisierung des Staates, der Gesellschaft und der Wissensproduktion steht. So werden indigene Gesellschafts- und Geschichtskonzepte als wesentlicher Teil der Wissens- und Theorieproduktion einbezogen und die globalen postkolonialen Strukturen als Basis des liberalen Kapitalismus ins Zentrum der Analysen gerückt. Kritische WissenschaftlerInnen und Intellektuelle, die sich auch als AktivistInnen verstehen, kommen zu Wort: Sarela Paz und Oscar Vega Camacho mit einer Darstellung der Debatten um buen vivir, Rossana Barragán mit einer Analyse des Zusammenhangs staatlicher Haushalts- und Machtpolitik,

Raúl Prada mit einer postkolonialen Analyse des Staates, Silvia Rivera mit der Analyse komplexer Gewaltverhältnisse und viele andere. Auch der aktuelle Vizepräsident Álvaro García Linera ist mit einem Beitrag über politische Konjunkturen und Kräfteverhältnisse vertreten. Und Luis Tapia etwa beschreibt die Artikulation unterschiedlicher Produktionsweisen und nimmt dafür den Begriff der „überlagerten Gesellschaftsformation" *(sociedad abigarrada)* von René Zavaleta auf.

Inwieweit eine Dekolonisierung des Staates auch eine Neukonzeption von Geschlechterverhältnissen umfasst, wäre noch ein weiteres wichtiges Thema, das hier erst in Ansätzen Erwähnung findet. Plurinationale Demokratie wird theoretisch gefasst, aber eine Auseinandersetzung darüber, inwieweit diese rhetorisch von der Regierung übernommenen Konzepte auch in die Realität umgesetzt werden, konnte in diese empfehlenswerte Publikation noch nicht systematisch einbezogen werden. Ulrich Brand sieht in den bolivianischen Mobilisierungen die wichtige Erfahrung, „dass eine progressive Regierung noch keinen progressiv orientierten Staatsapparat macht" (S. 362). Es ist also noch ein langer Weg bis zur Verwirklichung des plurinationalen Staates; bleibt zu hoffen, dass es bald ein Nachfolgewerk geben wird, in dem die bisherigen Fort- oder Rückschritte im Prozess der Dekolonisierung kritisch analysiert werden.

Die Beiträge selbst, ein ausführliches Glossar und eine in solchen Bänden oft fehlende Chronologie bieten auch Nicht-Bolivien-SpezialistInnen genügend Hintergrundinformationen, um die aktuellen Prozesse und theoretischen Vorschläge nachvollziehen zu können. Dabei verbleiben notgedrungen auch Lücken für zukünftige Publikationen, wie bspw. der verstärkte Einbezug von afrobolivianischen Perspektiven oder von indigenen AutorInnen selbst (wie teilweise im Sammelband umgesetzt) – ganz im Sinne der Aufforderung von Oscar Vega Camacho, „den Staat aus der Perspektive derer zu denken, die bisher nicht Teil von ihm waren" (S. 310).

ALICIA ALLGÄUER

Hans-Jürgen Burchardt, Anne Tittor, Nico Weinmann (Hg.): **Sozialpolitik aus globaler Perspektive. Asien, Afrika und Lateinamerika.** Frankfurt am Main: Campus 2012, 288 Seiten, 24,90 Euro.

Sozialpolitik-Forschung über den eurozentristischen Tellerrand hinaus zu denken, ist spätestens seit dem Bedeutungsgewinn der BRICS-Staaten unabdingbar. Aber werden bereits bekannte und erprobte Forschungsprogramme des westlichen Mainstreams diesem Anspruch gerecht? Die Antwort ist für die HerausgeberInnen des Bandes klar: Es braucht dringend eine Perspektiverweiterung, scheitern die genannten Ansätze doch chronisch daran, die historisch spezifische Genese wohlfahrtsstaatlicher Arrangements des globalen Südens mitzudenken. Diese Erkenntnis impliziert eine adäquate Analyse, die Wohlfahrtsstaaten nicht mehr als alleinige Errungenschaft der europäischen Moderne betrachten darf. Wird eine solche Herangehensweise konsequent verfolgt, muss die Zielsetzung dementsprechend lauten, den Universalisierungsanspruch des dominanten, auf die Analyse von OECD-Staaten ausgerichteten Kenntnisstandes zu verabschieden.

Um diese Perspektive einem breiteren Publikum zugänglich zu machen, versammelt der Band zehn Beiträge, die versuchen, Sozialpolitik in globalen Zusammenhängen zu denken. In einem theoretisch-methodischen Teil präsentiert zunächst Friedbert W. Rüb einen Überblick der bestimmenden Charakteristika von Wohlfahrtsstaatlichkeit, bevor Hans-Jürgen Burchardt sich der Frage nach einer möglichen Dezentralisierung der Sozialpolitik-Forschung widmet. Die theoretische Einführung wird von Boike Rehbeins Beitrag abgerundet, der das Potenzial einer „kaleidoskopischen Dialektik" vorstellt.

Mit Blick auf die anschließenden Beiträge, die die theoretische Aufarbeitung von Sozialpolitik anhand von Länderbeispielen räumlich konkretisieren, wird deutlich, welchen zentralen Stellenwert die jüngeren Entwicklungen auf dem lateinamerikanischen Kontinent für eine globale Sichtweise in der Analyse von Sozialpolitik haben. Laut Armando Barrientos besteht diese Besonderheit in einem Wandel, dem die lateinamerikanischen Wohlfahrtsregime in den letzten Jahren unterlagen. Für Nico Weinmann zeichnet sich dieser Prozess im Anschluss daran durch eine Reduktion der persistenten Ungleichheit des Kontinents, bei gleichzeitiger Beibehaltung eines hohen Maßes an Informalität in den Arbeitsmärkten aus. Diese Entwicklungen werden in einem dritten Beitrag von Katharina Müller zu den Veränderungen in Bolivien nochmals illustriert. Eine Besonderheit des Bandes stellen sicherlich die Beiträge zu den BRICS-Staaten Indien, Russland und Südafrika dar. Nicole Mayer-Ahuja befasst sich mit den Wechselwirkungen von verschiedenen Formen der Arbeitsorganisation und Sozialpolitik am Beispiel der indischen Softwareprogrammierung. Ebenfalls im asiatischen Raum angesiedelt ist der Beitrag von Jakob Fruchtmann, der anhand der russischen Sozialpolitik zeigt, dass gesellschaftliche Kräfteverhältnisse in einem engen Zusammenhang mit der Ausgestaltung des Wohlfahrtsstaates stehen. Katrin Weible und Lutz Leisering liefern im letzten Länderbeispiel zum südafrikanischen System eine Analyse des am stärksten ausgeprägten Sozialstaats Afrikas. Jan N. Pieterse setzt im Anschluss daran mit seinem Beitrag einen gelungenen Schlusspunkt, in welchem er dafür plädiert, wirtschafts- und sozialpolitische Fragestellungen künftig inklusiv zu denken.

Insgesamt hält der Band seine Versprechen und bietet einen konzisen Überblick über den Stand der aktuellen Sozialpolitik-Forschung zum globalen Süden. Dabei kommen sowohl EinsteigerInnen als auch mit der Thematik bereits vertraute LeserInnen auf ihre Kosten. Die Bedenken der AutorInnen hinsichtlich der Unzulänglichkeiten von Eurozentrismen sind schließlich nicht nur für die Forschung zu Wohlfahrtsstaaten des globalen Südens, sondern für die Gesamtheit der Sozialwissenschaften von Relevanz. Für zukünftige Forschungsvorhaben wäre es allerdings wünschenswert, nicht nur eine multizentrische, sondern auch eine multi- bzw. transdisziplinäre Analyse anzustreben, um die Dynamiken der globalen Entwicklungen in der Sozialpolitik und darüber hinaus adäquat fassen zu können.

Lukas Schmidt

Schwerpunktredakteur und AutorInnen

Joachim Becker ist ao. Professor am Institut für Außenwirtschaft und Entwicklung der Wirtschaftsuniversität Wien. Er arbeitet zu Fragen von Entwicklung und Krise(n), speziell aus komparativer Sicht.

Karin Fischer ist historische Sozialwissenschaftlerin und wissenschaftliche Mitarbeiterin an der Abteilung Politik- und Entwicklungsforschung des Instituts für Soziologie der Johannes Kepler University Linz. Ihre Arbeitsschwerpunkte sind die Geschichte der Nord-Süd-Beziehungen, Entwicklungstheorien, ungleiche Entwicklung und globale Warenketten sowie transnationale Think-Tank-Netzwerke des Neoliberalismus.

Johannes Jäger ist Fachhochschulprofessor für Volkswirtschaftslehre und Fachbereichsleiter an der FH des bfi Wien. Seine Arbeitsschwerpunkte sind politische Ökonomie der Finanzmärkte und Internationale Entwicklung.

Andreas Novy ist ao. Universitätsprofessor am Institut für Regional- und Umweltwirtschaft der Wirtschaftsuniversität Wien, Obmann der Grünen Bildungswerkstatt und Kuratoriumsvorsitzender der Österreichischen Forschungsstiftung für internationale Entwicklung (ÖFSE). Seine Forschungsschwerpunkte sind Entwicklungsforschung und Transdisziplinarität.

Elisabeth Schmid ist Sozial- und Wirtschaftswissenschaftlerin und derzeit Beraterin für nachhaltiges Projektmanagement. Sie beschäftigt sich mit alternativen Entwicklungsstrategien sowie mit Grenzen und Möglichkeiten wirtschaftlichen Wachstums.

Rudy Weissenbacher ist Politökonom und historischer Sozialwissenschaftler und lehrt an der Wirtschaftsuniversität Wien sowie der Universität Wien. Zu seinen Arbeitsschwerpunkten gehören regionale Integration/Desintegration und Zentrum-Peripherie-Beziehungen in Europa.

Die letzten Ausgaben

2/08 Periphere Staatlichkeit / Peripheral Statehood
3/08 Wachstum – Umwelt – Entwicklung / Growth – Environment – Development
4/08 Global Uneven Development / Globale ungleiche Entwicklung
1/09 Transformation of Global Finance / Transformation des globalen Finanzsystems
2/09 Global Commodity Chains and Production Networks / Globale Güterketten und Produktionsnetzwerke
3/09 Solidarische Ökonomie zwischen Markt und Staat / Solidarity Economics between Market and State
4/09 25 Jahre Journal für Entwicklungspolitik / 25 Years Journal of Development Studies
1/10 Lateinamerikanische Kräfteverhältnisse im Wandel / Changing Power Relations in Latin America
2/10 Think-Tanks und Entwicklung / Think-Tanks and Development
3/10 EntwicklungsexpertInnen / Development Experts
4/10 The Nature of Development Studies / Natur und Entwicklungsforschung
1/11 Giovanni Arrighi: A Global Perspective / Giovanni Arrighi: Eine globale Perspektive
2/11 Entwicklungsfinanzierung / Development Finance
3/11 Beyond Transitional Justice / Übergangsjustiz
4/11 Internet und Demokratie / Internet and Democracy
1/12 Welfare Regimes in the Global South / Sozialstaaten im Globalen Süden
2/12 Tiefe Integration in den Nord-Süd-Beziehungen / Deep Integration
3/12 Socialecological Transformations / Sozialökologische Transformationen
4/12 Post-Development: Empirische Befunden / Post-Development: Empirical Aspects
1/13 Sexualitäten und Körperpolitik / Sexuality and body politics
2/13 Trading Knowledge in a Gobal Information Society / Kommodifizierung von Wissen in der globalisierten Informationsgesellschaft

Die kommenden Hefte

4/13 Southern Africa: 20 Years Post-Apartheid / Südliches Afrika: 20 Jahre Post-Apartheid
1/14 Higher Education in the Global South / Hochschulbildung im Globalen Süden

Informationen für AutorInnen

Das Journal für Entwicklungspolitik (JEP) ist eine der führenden wissenschaftlichen Zeitschriften für Fragen von Entwicklungstheorie und -politik im deutschsprachigen Raum. Alle Beiträge werden anonym begutachtet (double-blind, peer-reviewed). Die Publikation erfolgt in Englisch oder Deutsch. Die Zielsetzung des JEP ist es, ein Forum für eine breite kritische Diskussion und Reflexion für verschiedene Dimensionen gesellschaftlicher Entwicklungen in Süd und Nord zu bieten. Dabei wird auch das Verhältnis zwischen theoretischen Weiterentwicklungen im Bereich von Entwicklungsforschung und konkreten entwicklungspolitischen Prozessen ausgelotet. Gesellschaftlich relevantes Wissen über Entwicklungsprobleme und Entwicklungspolitik wird in einer interdisziplinären Herangehensweise aufbereitet und zugänglich gemacht.

Manuskriptvorschläge können eingesendet werden an:
office@mattersburgerkreis.at
Weitere Hinweise unter:
www.mattersburgerkreis.at/jep

Siehe auch: www.facebook.com/journalfuerentwicklungspolitik

Information for Contributors

The Austrian Journal of Development Studies is one of the leading journals in its field in the German speaking area. Articles are reviewed anonymously (double-blind, peer-reviewed) and published in German or English. The journal provides a forum for a broad critical debate and reflection on different dimensions of societal transformation and on North-South relations. Specifically, the relationship between cutting edge theoretical advances in the field of development studies and actual development policies is addressed. Politically relevant knowledge about issues of development is provided in an accessible, interdisciplinary way.

Article proposals can be sent to:
office@mattersburgerkreis.at
Further information:
www.mattersburgerkreis.at/jep

See also: www.facebook.com/journalfuerentwicklungspolitik

gefördert durch die
Österreichische
Entwicklungszusammenarbeit

Journal für Entwicklungspolitik (JEP)
ISSN 0258-2384, Erscheinungsweise: vierteljährlich
Heft XXIX, 3-2013, ISBN 978-3-85476-429-8
Preis des Einzelhefts: Euro 11,90
Preis des Jahresabonnements: Euro 42,00
Abonnementbezug über die Redaktion:
Journal für Entwicklungspolitik, Sensengasse 3, A-1090 Wien,
office@mattersburgerkreis.at, www.mattersburgerkreis.at/jep
Das Abonnement kann unter Einhaltung einer dreimonatigen Kündigungsfrist zum Jahresende gekündigt werden.

1. Auflage 2013
© Mandelbaum Verlag Wien / Mattersburger Kreis
Alle Rechte vorbehalten. Jede Verwertung bedarf der vorherigen schriftlichen Zustimmung der Redaktion. Namentlich gekennzeichnete Beiträge geben nicht in jedem Fall die Meinung des Verlages wieder.
Satz: Weiderand Kommunikationsdesign, www.weiderand.net, Wien
Druck: Interpress, Budapest

Offenlegung nach § 25 Mediengesetz
Medieninhaber: Mattersburger Kreis für Entwicklungspolitik an den österreichischen Hochschulen, Sensengasse 3, A-1090 Wien
Grundlegende Richtung des JEP: Wissenschaftliche Analysen und Diskussionen von entwicklungspolitischen Fragestellungen und Berichte über die entwicklungspolitische Praxis. Verantwortlich für Inhalt und Korrekturen sind die AutorInnen bzw. die Redaktion.

In Kooperation mit:

Reihe GEP: Gesellschaft - Entwicklung - Politik

Hg.: Mattersburger Kreis für Entwicklungspolitik. www.mattersburgerkreis.at/gep

J.Jäger, E.Springler
ÖKONOMIE DER INTERNATIONALEN ENTWICKLUNG
Eine kritische Einführung in die Volkswirtschaftslehre
mandelbaum *verlag*, 2012, 384 Seiten, Euro 19.80

Der Band präsentiert eine „multi-paradigmatische" Einführung in ökonomische Fragen, auch für „Nicht-ÖkonomInnen".

I. Ataç, A. Kraler, A. Ziai (Hg.)
POLITIK UND PERIPHERIE
Eine politikwissenschaftliche Einführung
mandelbaum *verlag*, 2011, 348 Seiten, Euro 19.80

Der Band bietet eine Einführung in die Politikwissenschaft aus einer globalen und peripheriezentrierten Perspektive.

F. Kolland, P. Dannecker, A. Gächter, C. Suter (Hg.)
SOZIOLOGIE DER GLOBALEN GESELLSCHAFT
Eine Einführung
mandelbaum *verlag*, 2010, 385 Seiten, Euro 16.80

Dieser Band führt in zentrale Dimensionen einer transnationalen Sozialstrukturanalyse und Ungleichheitsforschung ein.

K. Fischer, G. Hödl, W. Sievers (Hg.)
KLASSIKER DER ENTWICKLUNGSTHEORIE
Von Modernisierung bis Post-Development
mandelbaum *verlag*, 2009, 300 Seiten, Euro 16.80

Dieser Band präsentiert die wichtigsten Denkschulen der Entwicklungstheorie anhand ihrer einflussreichsten und prägnantesten Texte.